El libro devocionario de Dios

para mujeres

Disponible en inglés en Access Sales International (ASI)
P.O. Box 700143, Tulsa, OK 74170-0143, Fax # 918-496-2822

Publicado por Editorial Unilit
Miami, Fl. 33172
1999 Derechos reservados
Primera edición 2000

Traducido al español por Raquel de la Calle

Producto 498697
ISBN 0-7899-0717-8
Impreso en Colombia
Printed in Colombia

El libro devocionario

de Dios

para mujeres

Presentado a:

_____

_____

_____

Presentado por:

_____

_____

_____

Fecha:

_____

_____

_____

Introducción:

Las devociones en este libro han sido seleccionadas para proporcionar "ánimo" a su día. De la misma forma que una merienda da un derroche repentino de energía física, estas devociones son las meriendas para el alma, despertándole ideas nuevas acerca de sí misma y de sus relaciones con familiares, amigos y colegas. Le animarán en su diario caminar con Dios y le servirán de fuente de motivación mientras alcanza sus metas y realiza sus sueños.

Nuestro deseo es que el material en este libro le recuerde la promesa de Dios: Él siempre está cerca. Aunque su corazón esté clamando por consuelo y protección usted encontrará a través de estas páginas dirección y una visión más amplia de que Dios está dispuesto y deseoso de acercarla a Él, protegerla del peligro, consolarla con su presencia y animarla con su palabra.

¿Necesita usted ánimo hoy? ¡Entonces estas devociones son para usted!

*Mi trabajo es preocuparme
por lo posible y confiar a
Dios lo imposible.*

En ti confiarán los que conocen
tu nombre, por cuanto tú,
oh Señor, no desamparaste
a los que te buscaron.

Salmos 9:10

La doctora Amanda Whitworth se sentía frustrada, su auto era el noveno de una fila que subía muy despacio una colina debido a un camión que iba muy lentamente, y ella estaba apurada. Su último paciente había necesitado más atención de la requerida normalmente para los exámenes y se le había hecho tarde para recoger a su hija de la escuela. Ahora susurraba una oración "no volveré a llegar tarde" y como esta sería la tercera vez que le sucedía y la escuela no les permite tardanzas a los padres, tendría que hacer arreglos para el cuidado de Allie por las tardes.

En silencio, Amanda protestaba por la lentitud del camión. Nadie se atrevía a pasarlo en la larga cuesta, ya que era imposible ver los autos que venían en dirección contraria. De repente, el chofer del camión movió su mano indicando que no venía ningún auto de frente. Mientras Amanda pasaba por el lado del camión, pensó en que ese hombre era un extraño y nueve personas confiaban sus vidas y las de sus familias a él.

¡Qué representación tan tremenda de cómo hacemos todo lo que podemos hacer, y luego debemos confiar hasta el mínimo detalle de nuestras vidas al cuidado de Dios, que es un amante Padre celestial. ¡Y cómo nos consuela saber que Él siempre ve todo lo que tenemos por delante!

Cuando la Madre Teresa recibió su Premio Nóbel, le preguntaron: "¿Qué podemos hacer para promover la paz mundial?" Ella respondió: "Vayan a sus hogares y amen a sus familias".

Nunca se aparten de ti
la misericordia y la verdad;
átalas a tu cuello, escríbelas
en la tabla de tu corazón.

Proverbios 3:3

"La familia", dijo la Madre Teresa, "es el lugar para aprender de Jesús. Dios ha dado la familia –todos juntos, esposo, esposa e hijos– para que sean su amor".

En el libro *Words to Love By...*, la Madre Teresa escribió: "Una vez, una señora se me acercó y me dijo que estaba muy triste debido a que su hija había perdido a su marido y a un hijo. Todo el odio que sentía la hija lo había volcado en ella. No podía ni verla.

"Entonces yo le dije: 'Piense un poquito en las pequeñas cosas que a su hija le gustaban cuando era una niña. Tal vez las flores o alguna comida especial. Trate de darle algunas de esas cosas sin esperar nada a cambio.'

"La señora empezó a hacer algunas de esas cosas, como poner las flores preferidas de su hija o dejarle alguna ropa para ella. Y no esperó nada a cambio.

"Varios días después la hija le dijo: 'Mami, ven. Te quiero mucho. Te quiero.'

"Esto fue algo maravilloso.

"Al hacerla recordar la alegría de su niñez, la hija se volvió a vincular con su vida familiar. Ella tuvo que haber tenido una niñez feliz para retornar al gozo y la felicidad del amor de su madre".[1]

Nunca se está más alto
que cuando se está
de rodillas.

❀ ❀ ❀

Humillaos delante del Señor,
y Él os exaltará.

Santiago 4:10

En un día tormentoso, una mujer acompañada de dos guías experimentados escaló Weisshorn en los Alpes Suizos. Mientras se acercaban a la cima, la mujer, entusiasmada por el panorama que tenía ante sus ojos se inclinó hacia adelante y casi es arrastrada por una ráfaga de viento. Uno de los guías la agarró y la haló, y le dijo: "¡De rodillas, señora! Aquí sólo se está seguro de rodillas".

Por lo general nosotros consideramos "de rodillas" como la posición normal para orar, pero el hablar con Dios no está limitado a ninguna posición. Él nos puede escuchar de cualquier manera.

Una vez, tres mujeres cristianas estaban hablando acerca de las "mejores" posiciones para orar. Una planteaba la importancia de tomarse de las manos y levantarlas. La segunda abogaba porque la oración era mejor cuando uno estaba extendido en el suelo. La tercera pensaba que era preferible pararse que arrodillarse. Mientras hablaban un señor que reparaba un teléfono las escuchaba. Finalmente, no pudo contenerse e intervino: "He descubierto que la oración más poderosa que jamás he hecho fue mientras estaba colgado de un poste eléctrico a 40 pies de altura".

¡Lo importante no es la *posición* para orar, sino que ore de verdad!

Entregue sus problemas a
Dios; de todas formas
Él va a estar levantado
toda la noche.

No dará tu pie al resbaladero,
ni se dormirá el que
te guarda.

Salmos 121:3

¿Por qué orar? Oramos porque las oraciones abren las compuertas de la infinita gracia de Dios y el poder para que fluyan hacia la persona en necesidad. Dios *puede* actuar sin oración, pero Él escogió operar dentro de las fronteras de la voluntad humana y de la invitación. Él nos permite participar en su obra en la tierra mediante cada oración.

Leonard Ravenhill una vez dijo sobre la oración: "Uno puede hacer un cálculo del peso del mundo, del tamaño de la ciudad celestial, contar las estrellas, medir la velocidad de la luz, y saber la hora en que el sol sale y se pone, pero no puede hacerlo con el poder de la oración. La oración es tan vasta como Dios, ya que Él se ha comprometido a contestarlas".

Un rótulo en una fábrica de algodón decía: "Si la hebra se enreda, busque al capataz". Un día, a una empleada nueva se le enredaron las hebras. Cuanto más trataba de desenredarlas, más se enredaban. Finalmente, buscó al capataz. Él le preguntó: "¿Por qué no me buscó antes?" Ella le contestó: "Traté de hacerlo yo". A lo que él respondió: "Recuerde, usted debe buscarme a mí".

Cuando enfrentamos situaciones difíciles, nuestra primera reacción debe ser pedirle ayuda a Dios. Él anhela ser nuestro ayudante e involucrarse completamente en nuestras vidas.

Debemos aprovechar cada
oportunidad para dar ánimo.
El estímulo es el oxígeno
para el alma.

❀ ❀ ❀

El hombre se alegra con
la respuesta de su boca;
y la palabra a su tiempo,
¡cuán buena es!

Proverbios 15:23

En *Especialmente para una mujer,*[2] Ann Kiemel Anderson escribió en su estilo único acerca de su hermana: "Una vez cuando Jan era maestra de tercer grado, hace ya tiempo, un niño de ojos vivarachos se paró al lado de su escritorio, la miraba, mientras hablaba con ella le daba vueltas a un mechón de sus cabellos, él pensaba que Jan era el lucero que iluminaba la noche. Una vez y otra vez, por mucho que lo intentaba, hacía pésimamente sus tareas y exámenes.

"Un día, Jan se puso de pie, lo miró y le dijo: 'Rodney, eres muy inteligente. Tú debes hacerlo bien en la escuela, en realidad, tú eres uno de mis mejores estudiantes'. Antes que pudiera continuar diciéndole que él debía hacer sus asignaciones mucho mejor... él la miró con los ojos grandes y le dijo:

"'¡Yo no sabía eso!'

"Desde aquel momento, Rodney empezó a cambiar. Sus tareas eran nítidas, mejoró su escritura, él era uno de sus mejores estudiantes; todo porque ella se lo afirmó. Ella le dijo algo que nadie le había dicho antes. Esto cambió su vida".

Nadie jamás se ha enfermado o se ha muerto por recibir demasiado elogio y estímulo sincero. Pero, quién puede contar los corazones heridos, las almas abatidas, y las mentes atormentadas producto de su carencia.

Uno puede dar sin amar,
pero no puede amar
sin dar.

❀ ❀ ❀

Porque de tal manera amó Dios
al mundo, que ha dado a
su Hijo unigénito, para que
todo aquel que en él cree, no
se pierda, mas tenga
vida eterna.

Juan 3:16

La mayoría de los expertos creen que el Templo de David fue construido en el Monte Moriah donde Dios le dijo a Abraham que sacrificara a Isaac. Pero hay otra leyenda hebrea que presenta una historia diferente.

La leyenda habla de dos hombres que vivían en fincas contiguas divididas por una montaña. El hermano menor vivía solo, era soltero. El hermano mayor tenía una familia grande.

Una noche durante la cosecha de los granos, el hermano mayor se despertó y pensó: *mi hermano está solo, para darle alegría voy a tomar algunas de mis gavillas y las voy a poner en su finca.*

A la misma hora el hermano menor se despertó y pensó: *mi hermano tiene una familia grande y más necesidades de las que yo tengo, mientras él duerme voy a poner algunas de mis gavillas en su finca.* Cada uno salió a poner las gavillas y se encontraron en la mitad del camino. Cuando se dijeron sus intenciones el uno al otro, dejaron caer las gavillas y se abrazaron. Fue en ese lugar, según la leyenda, donde se construyó el Templo.

Ya sea esta historia real o no, ejemplifica la máxima expresión de amor: dar. Dando es una de las mejores formas de edificar las relaciones en la vida.

Cuando estoy en aprieto,
Dios está ahí para
tomar el control.

Sean vuestras costumbres sin
avaricia, contentos con lo que
tenéis ahora; porque él dijo:
No te desampararé,
ni te dejaré.

Hebreos 13:5

El resultado de nuestras habilidades humanas es nuestra oportunidad de volvernos a Dios. Pero dejar nuestra independencia para depender de Dios no es necesariamente fácil. Muchas veces estamos como esta mujer, de quien el periódico *Los Angeles Times* hizo el reportaje siguiente:

El sábado por la mañana, fue rescatada una mujer que gritaba desesperadamente porque se encontraba atrapada en un auto que colgaba de una intercepción en una autopista en el este de Los Ángeles; media docena de automovilistas se detuvieron, sacaron sogas de sus vehículos, las amarraron en la parte trasera del auto de la mujer y lo aguantaron hasta que la unidad de rescate de los bomberos llegó. Extendieron una escalera por abajo para ayudar a estabilizar el vehículo mientras los bomberos lo amarraban con cables y cadenas a un camión de remolque.

"Cada vez que el auto se movía", dijo uno de los bomberos, "ella gritaba más. Estaba herida".

La operación duró casi dos horas y media para los transeúntes, los oficiales, los choferes de los camiones de remolque y los bomberos; cerca de 25 personas en total para rescatar el auto y salvar a la mujer.

"Sucedió algo un tanto simpático". Recordaba más tarde, la capitana de los Bomberos del Condado de L.A. Ross Marshall. "Ella repetía, 'puedo hacerlo sola.'"[3]

*El Señor puede hacer cosas
grandiosas mediante aquellos
a quienes no les interesa
que se les dé crédito.*

La soberbia del hombre le
abate; pero al humilde de
espíritu sustenta la honra.

Proverbios 29:23

asta el momento en que Jane supo que necesitaba una cirugía, la pregunta, "¿Quién me cuidará si me enfermo?", había sido hipotética. Como soltera, no había pensado mucho en cómo sobreviviría una enfermedad grave o una cirugía. Según se fueron produciendo las cosas, encontró que tenía una "encantadora colección de amigas" que "se juntaron e hicieron un horario para cuidarme y después se pasaron la batuta una a otra mientras yo me maravillaba de mi buena suerte".[4]

Stephanie era la directora, la que estaba al lado de su cama en el hospital, quien también la ayudaba a revisar su incisión y a bañarse. Bob manejó desde Los Ángeles con su perro para pasarse algunos días con ella después de operada. Peggy trajo comida china. Ann llegó con una máquina para hacer pan y bolsas de comestibles. Ella también hizo sopas, limpió el piso de la cocina y lavó ropa. Michelle trajo la correspondencia y la llevaba a las citas del doctor.

Para Jane fue asombroso que todas esas personas cuando empezaron a ayudarle casi no se conocían entre sí, y cuando pasaron los días y ella se recuperó, se habían hecho todos buenos amigos.

El ser un siervo tiene recompensas maravillosas. Muchas veces cuando servimos recibimos mucho más de lo que damos.

Lo que el sol es para las flores, son las sonrisas para la humanidad. Seguramente son pequeñeces esparcidas a lo largo de la vida, pero el bien que hacen es inimaginable.

El corazón alegre hermosea el rostro; mas por el dolor del corazón el espíritu se abate.

Proverbios 15:13

Cierta iglesia tenía la costumbre de sacar a los niños del servicio los domingos por la mañana antes del sermón. Los niños solían ir al frente solemnemente y cantar una canción mientras pasaban por el púlpito para escuchar un sermón preparado especialmente para ellos. El pastor disfrutaba esta parte del servicio. En ese momento sonreía a cada uno de los niños para recibir una sonrisa como respuesta.

Para su sorpresa, una mañana una niña de cuatro años de cabello rizado salió corriendo de la procesión y se refugió en los brazos de su madre, sollozando mucho. El pastor buscó a la señora después del servicio para ver qué había pasado. La niña le había dicho: "Yo le sonreí a Dios pero Él no me sonrió".

El pastor se entristeció. Él no le había sonreído a la pequeña y su gozo se había convertido en tormento.

Uno puede pensar que nuestras sonrisas no representan a Dios para otra persona, pero ¡sí pueden! Las sonrisas genuinas son un signo de afirmación, aprecio y amor.

Su sonrisa puede traer esperanza y cambio a alguien hoy. ¡Inténtelo!

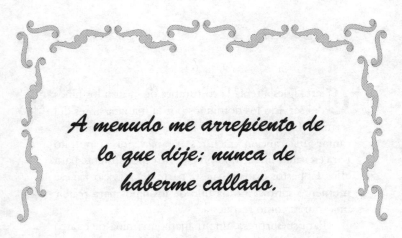

A menudo me arrepiento de lo que dije; nunca de haberme callado.

❀ ❀ ❀

En las muchas palabras no falta pecado; mas el que refrena sus labios es prudente.

Proverbios 10:19

Cuando la Western Union le pidió a Thomas Edison que "mencionara un precio" por el teletipo que había inventado, él le pidió varios días para pensarlo. Su esposa le sugirió $20,000, pero él pensó que esa cantidad era exorbitante.

A la hora acordada fue a la reunión todavía no muy seguro de la cantidad que iba a pedir cuando el oficial le preguntó: "¿Cuánto?" Él trató de decir $20,000, pero las palabras no le salían de la boca. Finalmente el oficial rompió el silencio y le preguntó: "Bien, ¿qué le parece $100,000?"

¡A menudo el silencio le permite a otros decir algo mejor de lo que hubiéramos dicho nosotros mismos! Al quedarnos callados otros se interesan más por nuestros pensamientos; entonces cuando tenemos una audiencia interesada, nuestras palabras tienen mejor impacto.

La Biblia nos dice que aun el necio, cuando calla, es contado por sabio (Proverbios 17:28). En ese sentido, el silencio puede evitar que nos veamos en una situación embarazosa. ¡La gente puede pensar que somos más inteligentes de lo que realmente somos!

Cuando se sienta movido a expresar una opinión, mida el impacto de sus palabras y mantenga esto presente: "Entre menos diga, mejor". ¡No podemos buscarnos problemas por lo que no hemos dicho! Como Edison, nosotros podemos beneficiarnos de nuestro silencio.

"Puedo perdonar, pero no olvidar", es sólo otra forma de decir: "No voy a perdonar". El perdón debe ser como una nota de cancelación, rota en dos pedazos y quemada, así nunca se podrá mostrar en contra.

Antes sed benignos unos con otros, misericordiosos, perdonándonos unos a otros, como Dios también nos perdonó a vosotros en Cristo.

Efesios 4:32

En una ocasión, había un hombre que bebió demasiado en una fiesta. Primero, dio un ridículo espectáculo —hasta el punto de usar una pantalla de lámpara como sombrero— y después se desplomó. Los amigos ayudaron a la esposa a llevarlo a casa y lo acostaron en la cama. La mañana siguiente tenía muchos remordimientos y le pidió a su esposa que lo perdonara. Ella aceptó "perdonar y olvidar" el incidente.

Según pasaron los meses, la esposa se refería al hecho de vez en cuando, en su tono de voz siempre había un poquito de ridiculez y vergüenza. Finalmente, el hombre se cansó de que se le recordara su mal comportamiento y dijo: "Yo pensé que me habías perdonado y olvidado".

"Yo había perdonado y olvidado", replicó la esposa, "pero no quiero que tú olvides que yo perdoné y olvidé".

Una vez hayamos confrontado una ofensa, tenemos que recordar que no ganamos nada con guardar rencor en nuestros corazones. El perdón requiere un proceso de sanidad en nuestro interior, hasta el punto que no nos duela más el recordar lo ocurrido.

"Olvidamos" cuando ¡no lastimamos más! Cuando haga un compromiso de perdonar a otra persona, pida al Señor que le sane del impacto que el hecho hizo en su vida. Perdone, olvide y empiece a vivir de nuevo.

La preocupación es como una mecedora: te da algo que hacer, pero no te lleva a ningún lado.

Echando toda nuestra ansiedad sobre él, porque él tiene cuidado de nosotros.

1 Pedro 5:7

Las personas que se preocupan continuamente por cada detalle de sus vidas son como un paciente en un hospital psiquiátrico, mantienen el oído pegado a la pared.

"¿Qué está usted haciendo?", preguntó con curiosidad uno de los presentes.

"Shhhh", susurró la mujer, haciéndole señas para que fuera con ella a la pared.

La señora puso su oído contra la pared y permaneció allí un rato intentando escuchar. "No escucho nada", dijo.

"No", contestó la paciente con un gesto de fastidio. "¡Ha sido así todo el día!"

Algunas personas se preocupan por lo que puedan decir. Otras por lo que no dicen. Otras por lo que pueda pasar. Otras por lo que todavía no ha sucedido y ya debía haber sucedido. Unas por su futuro mientras otras se atormentan por el pasado.

Hemos sido creados para tener vida abundante en nuestras mentes, en nuestros cuerpos y en nuestro espíritu. Igual que las flores, nacimos para florecer, no para marchitarnos en la rama. Ponga sus preocupaciones en las manos de Jesús y Él se encargará de ellas, y ¡empiece hoy a vivir una nueva vida!

*Mire a su alrededor y se
angustiará, mire en su interior
y se deprimirá, mire a
Jesús y descansará.*

❀ ❀ ❀

Al Señor clamé estando en
angustia, y él me respondió.

Salmos 120:1

El número de emergencias 911 tiene una capacidad asombrosa. En la mayoría de los lugares de los Estados Unidos, las personas sólo necesitan marcar esos tres números para conectarse inmediatamente con una operadora. En la pantalla de una computadora la operadora ve el número de teléfono, la dirección y el nombre de la persona bajo el cual está ese número de teléfono. Simultáneamente están escuchando los bomberos, la policía y el personal médico auxiliar. La persona que llama no necesita decir nada. Un tenue sonido con la garganta o unos gritos histéricos han tenido una respuesta inmediata. La operadora sabe de dónde viene la llamada y envía la ayuda.

A veces, algunas situaciones en nuestras vidas son tan desesperantes y nuestro dolor tan profundo que sólo podemos presentar las oraciones del 911 a Dios. Son las llamadas oraciones "SOS" y a menudo se utilizan las mismas palabras: "¡Señor, necesito ayuda!" Dios escucha cada una. Él conoce nuestros nombres y cada detalle de las situaciones. Como una operadora celestial, Él enviará exactamente a quien necesitamos para que nos ayude.

También como una operadora del 911, nuestra Operadora Celestial nos dará algunos consejos para sostenernos en la crisis. Mantenga el oído dispuesto a escuchar ... y recuerde, ¡la ayuda está en camino!

No hay mayor amor que el amor que nos sostiene cuando parece que no hay nada de donde agarrarnos.

❀ ❀ ❀

El amor nunca deja de ser;
pero las profecías se acabarán,
y cesarán las lenguas,
y la ciencia acabará.

1 Corintios 13:8

Un paseo en un velero por poco termina en tragedia para una familia, cuando los fuertes vientos de galerna y las violentas olas amenazaban con hundir su embarcación. La frenética llamada a los guardacostas trajo dos barcos al rescate. Desafortunadamente, el primer barco tenía una sola escalera de soga, un medio de evacuación muy peligroso en mares tan embravecidos. Luego llegó el buque de 900 pies, *James N. Sullivan*. Éste protegió al velero hasta que, después de varias horas de maniobras, se pudieron bajar unas escaleras del buque al velero.

Utilizando una correa de seguridad, Bob y Sherry hicieron el transbordo, así como sus dos pequeños hijos. Luego le tocó el turno a Laurie, la abuela. El abuelo Dave, le pasó la correa a Bob, pero los arreos se engancharon cuando subía por la escalera. Los barcos se separaron y Laurie se cayó al agua. Con las olas, las embarcaciones chocaban una contra otra, Dave sintió miedo de mirar, él sabía que su adorada esposa por 33 años, no podría nadar, y lo peor, temía que la hubieran aplastado los barcos cuando chocaron. No obstante, él se agarró de la correa, negándose a dejarla ir. La abuela más tarde explicó: "Esa es la única razón por la que estoy aquí".[5]

No importa cuántos problemas pueda traernos el mar de la vida, agárrese a la correa con amor. ¡Una vida se podrá salvar por confiar a Dios lo imposible!

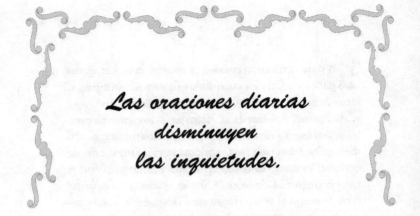

*Las oraciones diarias
disminuyen
las inquietudes.*

❀ ❀ ❀

𝕿arde y mañana y a mediodía
oraré y clamaré,
y él oirá mi voz.

Salmos 55:17

Muchos niños aprenden a contar con sus dedos, pero una vez una enfermera enseñó a un niño a orar "con sus dedos". Este fue su método:

Tu dedo pulgar es el dígito más cercano a tu corazón, entonces primero ora por las cosas más cerca de ti. Deben ser incluidas tus propias necesidades, por supuesto, así como tu querida familia y amigos.

El segundo dedo es el que se utiliza para apuntar. Ora por aquellos que te guían a la verdad, ya sea en la iglesia o en la escuela. Ora por tus maestros, mentores, pastores y aquellos que inspiran tu fe.

El tercer dedo es el mayor. Deja que él represente a los líderes en todas las esferas de la vida. Ora por aquellos que tienen la autoridad, en el cuerpo de Cristo y el gobierno.

El cuarto dedo es el más débil, como todo pianista sabe. Este es para orar por los que tienen problemas y sufrimientos: los enfermos, lastimados, abusados, heridos o los que sufren.

El dedo pequeño es el meñique. Este es para aquellos que a menudo pasan inadvertidos, incluyendo a los que sufren abusos de toda clase.

¡Qué recordatorio tan maravilloso y simple para orar! Qué buen recurso para utilizarlo para enseñar a los niños a orar por ellos mismos y por otros.

Hay que ser como los sellos de correos, pegarse a las cosas hasta que se logren.

❀ ❀ ❀

Así que, hermanos míos amados, estad firmes y constantes, creciendo en la obra del Señor siempre, sabiendo que vuestro trabajo en el Señor no es en vano.

1 Corintios 15:58

Toda su vida, Verónica trabajó prestando servicios a otros, pero estos trabajos dan muy poca satisfacción personal. Cuando era una niña, faltó mucho a la escuela por cuidar a sus hermanos pequeños y ayudar en el negocio familiar. Por consiguiente nunca aprendió a leer.

Después que se casó, trabajó como cocinera en un restaurante, memorizando los ingredientes y las recetas de cocina para ocultar su analfabetismo. Cada día sentía el temor de cometer errores, mientras soñaba con aprender a leer.

Debido a una grave enfermedad estuvo hospitalizada y después permaneció en su casa por largo tiempo para recuperarse. Su salud mejoró un poco, pero no lo suficiente como para volver al trabajo. Ella vio este momento como la oportunidad para aprender a leer y se matriculó en un programa de lectura para adultos.

Sus nuevas habilidades para la lectura aumentaron su confianza y se involucró en la iglesia y en organizar actividades comunitarias. Escribió un libro de cocina que fue premiado y se convirtió en una celebridad local.

Verónica nunca abandonó su sueño aunque trabajaba duro dondequiera que iba. ¡Al final sus sueños se realizaron más allá de su imaginación!

*Una buena sonrisa es
la luz de una casa.*

❀ ❀ ❀

La luz de los ojos alegra
el corazón, y la buena nueva
conforta los huesos.

Proverbios 15:30

Peggy estaba nerviosa porque se acercaba la hora de la cena en que ella y su esposo iban a ser los anfitriones. Era la primera vez que tenían invitados para cenar después del nacimiento de su hijo Pete. Para colmar la tensión de Peggy, entre los invitados estaba el nuevo jefe de su esposo Bill.

Percibiendo la tensión de sus padres, el bebé empezó a ponerse irritado y "nervioso", lo que le produjo más frustración a Peggy. En un intento por consolar al pequeño, Peggy lo cargó y lo besó. Para su sorpresa, el bebé se sonrió y se rió, era la primera risa genuina que escuchaba de su hijo.

En un instante, la noche tomó un curso totalmente diferente. Peggy estuvo más calmada, así como su bebé. La cena fue todo un éxito.

¿Puede la risa de un pequeño cambiar todo un día? ¡Sí! También lo puede la risa entre dos adultos o la risa provocada por el recuerdo de algún suceso gracioso.

Cuando se sienta con "mucha tensión", no permita que explote enojado. Tómese un rato, si lo necesita, y busque un motivo para reír... ¡y verá como la tensión se desvanece!

Cada gesto cariñoso dice
a gritos y muy claro:
"Yo te amo. Dios te ama.
A mí me importas.
A Dios le importas".

❀ ❀ ❀

Amados, amémonos unos a otros;
porque el amor es de Dios. Todo
aquel que ama, es nacido de Dios,
y conoce a Dios. El que no ama
no conoce a Dios; porque
Dios es amor.

1 Juan 4: 7,8

Llevar a casa de una amiga enferma una cacerola con comida caliente...

Dar a su vecina un ramo de flores de su jardín...

Enviar una nota de agradecimiento a las personas que presentaron un magnífico espectáculo al que usted asistió...

Traer a la oficina un pan de canela recién horneado para compartirlo a la hora del receso...

Llevar una caja de galletitas a la estación de policías el día de Navidad para estimular a aquellos que les "toca trabajar" durante los días festivos...

Hacer una llamada para preguntar cariñosamente: "¿Cómo está?"

Puede ser que no pensemos en esto como actos que atestigüen que somos cristianos, pero sí lo son. Cada acto de bondad refleja la bondad de Dios por su pueblo. Nosotros damos porque Jesucristo dio voluntariamente su amor por nosotros. Él es el ejemplo que seguimos.

Nunca desestime un acto de bondad por ser muy pequeño o ilógico. Dios magnificará incluso nuestras pequeñas acciones para revelar su amor por otros.

He tenido muchas cosas en mis manos y las he perdido; pero las cosas que he puesto en las manos de Dios, son las que poseo siempre.

Por lo cual asimismo padezco esto; pero no me avergüenzo, porque yo sé a quién he creído, y estoy seguro que es poderoso para guardar mi depósito para aquel día.

2 Timoteo 1:12

Dos hermanas habían tenido el deseo desde pequeñas de ir un día al campo misionero juntas. Según se
acercaban a la edad madura, se dieron cuenta que estaban estables en sus profesiones, y empezaron a investigar dónde podían servir a Dios. Después de varios meses
de hablar con varias agencias misioneras, una de las hermanas dejó su trabajo y se mudó a Suramérica, donde se
involucró en la tarea de iniciación de iglesias.

La otra hermana, sin embargo, decidió que los riesgos del campo misionero eran demasiado grandes. Ella
se quedaría en su país y ganaría más dinero. "Yo voy
mas tarde", dijo mientras le decía adiós a su hermana.
Dos años más tarde murió en un accidente de trabajo.
Había "salvado" su vida... sólo para perderla.

Lejos de Dios la seguridad es una ilusión. Muchas
personas confían en sus trabajos, sin saber que sus com-
pañías están al borde de la bancarrota. Otras confían en
el gobierno, y no saben que los fondos han disminuido y
las leyes están sujetas a cambios. Otras aun, confían en
sus habilidades, sin contar nunca con un accidente o la
muerte.

Si el Señor ha dicho a su corazón que "vaya", res-
ponda enseguida que Él abre las puertas para hacerlo.

Una buena acción nunca es una pérdida; quien cosecha cortesía recoge amistad, y quien planta amabilidad recoge amor.

❀ ❀ ❀

No os engañéis; Dios no puede ser burlado: pues todo lo que el hombre sembrare, eso también segará. No nos cansemos, pues, de hacer el bien; porque a su tiempo segaremos, si no desmayamos.

Gálatas 6:7,9

Joy Sprague sabe cómo iluminar los días de sus clientes. Como administradora de correos de Little Camberry Island, en Maine, ella tiene clientes compitiendo por poner sus fotos en las paredes del correo. El día 25 de cada mes se coloca una fotografía en la pared del cliente que utilice el servicio postal expreso de U.S. –lo que verdaderamente es una parte del establecimiento– ¡y después se le dan algunos buñuelos con crema horneados por la propia Joy!

Esto no es lo único que Joy hace para hacer de Little Camberry, población 90, un lugar más amigable. Ella opera un negocio de venta de sellos por correo que es tan popular que su pequeña oficina está en el cuarto lugar entre 450 en Maine. ¿Por qué? La mayoría de sus clientes son veraneantes que desean estar en contacto con la isla. Ella les envía junto con su orden una foto con una vista de la isla y una nota escrita a mano acerca de los eventos que tendrán. Uno de los residentes dijo: "Ella inventa maneras para que los demás se diviertan". Joy ha recibido elogios de la Oficina General de Correos de U.S. y tiene el cariño no sólo de los residentes locales, sino de amigos a través de toda América quienes se complacen en mantener correspondencia con ella.

¿Por qué no pedirle al Señor que le dé ideas creativas las cuales sirvan para iluminar la vida de otros? Quizás una llamadita por teléfono o una tarjeta le recuerde a alguien cuán importante es para usted y para Dios, su Padre Celestial.

*Las palabras amables
pueden ser cortas y fáciles
de decir, pero sus ecos son
verdaderamente infinitos.*

Abre su boca con sabiduría,
y la ley de clemencia está
en su lengua.

Proverbios 31:26

Hace muchos años, una famosa cantante fue contratada para que se presentara en un teatro de ópera en París. Las entradas para el evento se vendieron en cuestión de días. La ciudad estaba muy entusiasmada. Esa noche la sala estaba repleta de hombres y mujeres elegantemente vestidos y ansiosos de escuchar a tan admirable artista. El administrador del teatro tomó la palabra y anunció: "Señoras y señores, gracias por su entusiasmo y apoyo. Temo que debido a una enfermedad, la mujer a la que todos ustedes han venido a escuchar no pueda presentarse esta noche. Sin embargo, encontramos la sustituta idónea que esperamos les proporcione un espectáculo parecido".

La multitud refunfuñó en una voz tan alta que pocos pudieron escuchar el nombre de la cantante. La frustración reemplazó al entusiasmo en la sala. La cantante suplente dio todo lo que tenía, pero cuando terminó su presentación se enfrentó a un molesto silencio en vez de un aplauso. Entonces, desde uno de los balcones, un niño se paró y gritó: "¡Mami, yo pienso que eres maravillosa!"

La audiencia respondió inmediatamente con tremenda ovación.

Alguna vez todos necesitamos escuchar a alguien decir: "Yo pienso que eres maravillosa". ¡Por qué no ser la persona que diga hoy esas agradables palabras de estímulo!

*Nada vence al amor a
primera vista excepto
el amor con perspicacia.*

Sabiduría ante todo; adquiere
sabiduría; y sobre todas las
posesiones adquiere
inteligencia.

Proverbios 4:7

Dos amigas de toda la vida, de unos 50 años, empezaron a discutir sobre el próximo matrimonio de una de ellas con un hombre que sólo tenía unos treinta años.

"Simplemente no creo en los matrimonios mayo-diciembre", dijo la amiga. "Después de todo, diciembre encontrará en mayo la fortaleza y la vitalidad de la primavera, pero ¿qué va a encontrar mayo en diciembre?"

La novia pensó por un momento y le contestó guiñando un ojo: "Navidad".

Muchas parejas que dicen que se "enamoraron a primera vista" después de años de matrimonio cambian de opinión y dicen: "Estaba encaprichada", o "Sentí una atracción inmediata", o "Hubo un chispazo entre los dos cuando nos vimos por primera vez". Amor, por supuesto, es la palabra que han usado por querer; amor es algo que ellos ahora comparten que es mucho más rico y más significativo que las emociones que sintieron "a primera vista".

Una de las grandes cualidades del amor genuino es que crece y se enraíza con el paso del tiempo. El tiempo es el vivero de vida del amor. Atienda a sus queridas plantas lo más que pueda y la fragancia del amor permanecerá siempre.

*Una casa es hecha con paredes
y vigas; un hogar es hecho
con amor y sueños.*

Mejor es la comida de legumbres
donde hay amor, que de buey
engordado donde hay odio.

Proverbios 15:17

*E*n *Little House in the Ozarks*,[6] Laura Ingalls Wilder escribió: "Hace algún tiempo me pasé una tarde con una amiga en su nueva casa. La casa está preciosa y bien amueblada, con muebles nuevos, pero me parecía vacía. Me preguntaba por qué era esto, hasta que recordé mi experiencia con mi nueva casa. No podía lograr que la sala se viera como un hogar, movía los muebles de aquí para allá y cambiaba los cuadros de las paredes, pero faltaba algo. Nada parecía cambiar el sentimiento de frialdad y vacío que me daba en cualquier habitación que entrara.

"Cuando un día me paré en medio de la habitación y me pregunté qué podría hacer para mejorarla, se me ocurrió que esto era por la necesidad de que viviera alguien en ella y le diera lo rutinario, agradables pensamientos de amistad, de compartir y de hospitalidad".

Una atmósfera hogareña no es una cuestión de decoraciones perfectas; emana de los sentimientos y los pensamientos de las personas que viven ahí. Los sentimientos de cariño y bienvenida pueden ser creados sólo por las personas que son amables, generosas y ecuánimes. ¿Por qué hoy no decide "calentar" la atmósfera donde vive?

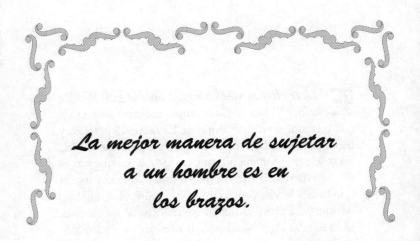

La mejor manera de sujetar
a un hombre es en
los brazos.

❀ ❀ ❀

El marido cumpla con la mujer
el deber conyugal, y asimismo
la mujer con el marido.

1 Corintios 7:3

Esta vieja canción infantil es una que muchas personas recuerdan:

> Besa y abraza
> Besa y abraza
> Besa a tu amor
> En el hocico.

Mientras cantan la canción los niños acostumbran a ridiculizar los amores de juventud de sus hermanos y hermanas mayores, realmente la práctica de besarse y abrazarse tiene muchos beneficios saludables para los que están construyendo una relación amorosa.

Una revista de Alemania Occidental reportó los resultados de un estudio conducido por una compañía de seguros de vida. Los investigadores descubrieron que los esposos que besaban a sus esposas cada mañana:

- viven un promedio de cinco años más,
- tienen menos accidentes automovilísticos,
- se enferman 50 % menos, según los días de enfermedad, y
- ganan de 20 a 30 % más.

Otros investigadores han encontrado que el besar y el abrazar liberan endorfina, dándole a la mente y al cuerpo una genuina sensación de bienestar que se convierte en mejor salud.

¡Un beso al día puede alejar al doctor!

El noventa por ciento de
los desacuerdos de la vida
diaria son causados por
el tono de voz equivocado.

El hombre se alegra con
la respuesta de su boca;
y la palabra a su tiempo,
¡cuán buena es!

Proverbios 15:23

Una exigente esposa regañaba a su esposo continuamente para que se ajustara a sus altas expectativas: "¡Así es como debes actuar, así es como te debes vestir, esto es lo que debes decir, así es como te debes ver y así es como debes planear tu carrera!" Ella insistía en que debía perfeccionar cada aspecto de su vida. Sintiéndose completamente fustigado, finalmente el hombre dijo, "¿Por qué no anotas todo eso? Así no tienes que decírmelo todo el tiempo". Ella accedió gustosamente.

Poco tiempo después la esposa murió. En el transcurso de un año, el hombre conoció a otra mujer y se casó. Su nueva vida parecía ser una perpetua luna de miel. El casi no podía creer la alegría y el descanso que estaba experimentando con su nueva esposa.

Un día tropezó con la lista de "los debes y no debes" que su primera esposa había escrito. La leyó y se dio cuenta, para su asombro, que estaba siguiendo todas las instrucciones, aunque su segunda esposa jamás las había mencionado.

Él se preguntaba qué habría pasado y por fin le dijo a un amigo: "Mi esposa anterior empezaba diciendo: 'Detesto cuando...' pero mi nueva esposa dice: 'Me encanta cuando...'"

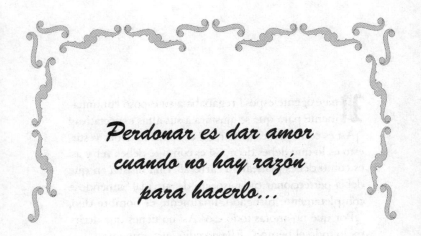

Perdonar es dar amor
cuando no hay razón
para hacerlo...

❁ ❁ ❁

Bienaventurados
los misericordiosos,
porque ellos alcanzarán
misericordia.

Mateo 5:7

Lisa se indignó cuando descubrió que David había gastado miles de dólares en cada una de sus tarjetas de crédito. No sólo estaba furiosa por la cantidad de la deuda, estaba frustrada consigo misma por no reconocer el hábito de David de gastar compulsivamente.

Los días siguientes se preguntaba si podría confiar en su esposo otra vez y si algún día podrían vivir sin deudas.

En lugar de esperar que sucediera algo, ella tomó dos pasos atrevidos. El primero fue convencer a David de que necesitaba ayuda, y el segundo buscar un plan financiero. Decidió que si ella inspeccionaba cuidadosamente los fondos familiares, podrían saldar las deudas en pocos años. Esto trajo esperanza a su futuro financiero y al futuro de su matrimonio.

Otro cambio en su matrimonio vino cuando David le pidió que lo perdonara. Ella encontró que perdonarlo la liberaba del asunto del dinero y le permitiría enfocarse en su relación. Decidió que era posible amar a alguien aunque hubiera "cometido ese error". El perdón hizo posible confiar otra vez, y una vez que la confianza se restableció su matrimonio empezó a sanarse.

El perdón torna el corazón de lo que fue y es, a lo que puede ser. ¿Es el momento de tomar pasos audaces? ¡Si el amor es lo que la motiva, anímese! Las situaciones pueden cambiar.

Nada es tan fuerte como la amabilidad. Ni nada es tan amable como la fuerza.

Me diste asimismo el escudo de tu salvación; tu diestra me sustentó, y tu benignidad me ha engrandecido.

Salmos 18:35

El maestro Graham estaba tan absorto en la evaluación de las asignaciones que no se había percatado del joven gigante que un día, después de terminadas las clases, entró con los hombros caídos y arrastrando los pies, a su salón de clases en Illinois. Después que sus ojos se ajustaron a la claridad del sol vespertino que marcaba la silueta del fornido joven que estaba ante él, se dio cuenta que él era nuevo en la comunidad. El muchacho tenía la reputación de "buscapleitos" en el pueblo.

Graham podría justificarse al pensar: *¿Qué quiere aquí? ¿Estoy en peligro?* En su lugar, lo miró de arriba abajo, un gigante de seis pies y cuatro pulgadas de músculos e ignorancia y se ofreció a ayudarlo en la lectura. Cuando el joven se fue del aula una hora más tarde, tenía varios libros bajo el brazo –un préstamo del maestro Graham con la promesa de más en el futuro.

Pocas personas recuerdan a Graham. Era un hombre tranquilo, simplemente dispuesto a hacer lo mejor que podía por cualquier estudiante que se le acercara. Sus alumnos, sin embargo, llegaron a ser personas muy famosas. Por ejemplo, Abraham Lincoln.

Una respuesta amable, que ayude, es muchas veces percibida como fortaleza. Esta es la fuerza amable la cual comparamos. Cuando piense que se encuentra en una situación delicada, trate un toque de amabilidad.

Todos tenemos paciencia.
Las personas que tienen éxito
aprenden a utilizarla.

❀ ❀ ❀

Más tenga la paciencia su obra
completa, para que seáis perfectos
y cabales, sin que os falte
cosa alguna.

Santiago 1:4

Hace algunos años una mujer que manejaba un bote de carreras tuvo un serio accidente. Al contar lo que había pasado, dijo que ella iba al máximo de velocidad cuando su bote se viró un poco, chocando con una ola en un ángulo peligroso. La fuerza combinada de su velocidad y el tamaño y el ángulo de la ola levantaron el bote que dio vueltas en el aire. Ella se salió del asiento y fue lanzada al agua tan profundo que no veía la claridad de la superficie. Como estaba un poco mareada no tenía idea de cuál era la dirección para "subir".

En vez de pánico, la mujer se mantuvo calmada y esperó que la flotabilidad de su chaleco salvavidas la empujara hacia arriba. Después nadó directamente en esa dirección.

Nosotros a veces nos encontramos rodeados de muchas voces, cada una con una opinión diferente, y simplemente no sabemos cuál es el camino "hacia arriba". Cuando eso sucede necesitamos ejercitar la paciencia y pasar tiempo con el Señor. Tenemos que leer su Palabra, la Biblia, y esperar por su suave tirón en nuestros corazones para que nos empuje hacia su voluntad. Cuanto más leamos, más confiados estaremos, especialmente cuando su Palabra escrita y ese suave tirón en nuestros corazones llegan a un acuerdo.

Recuerde, unos pocos minutos, horas, días o incluso meses de "espera" pueden significar la diferencia entre hundirse y flotar.

Cuidado con las tentaciones,
cuanto más las mire
mejor aspecto tienen.

Velad y orad, para que no
entréis en tentación; el espíritu
a la verdad está dispuesto,
pero la carne es débil.

Marcos 14:38

Cuando era adolescente, Megan llegaba de la escuela justo a la hora de la "novela", la veía antes de hacer sus tareas. Disfrutaba el escape dentro del mundo de la televisión y verdaderamente no estaba consciente de que los programas estaban creando en ella una desmesurada cantidad de curiosidad sexual. A través de los meses e incluso los años de estar viendo sus dos "novelas", la perspectiva de la vida de Megan tuvo un cambio. Empezó a pensar: *Las relaciones no necesitan ser puras, en realidad, las impuras lucen más excitantes. La fidelidad no importa, mientras una persona sea "feliz".*

Cuando era estudiante de la universidad, Megan encontró fácil participar en "una noche de sexo". Después de que un corto matrimonio terminara en catástrofe como resultado de su infidelidad, buscó la ayuda de un consejero. Al principio fue difícil para el consejero entender por qué Megan había tenido esa relación extramatrimonial. Ella había sido una adolescente modelo en su casa, en la iglesia y en la escuela hasta que su comportamiento "público" fue preocupante. Finalmente el consejero descubrió la causa de la tentación que llevó a Megan a participar en su supuesta vida "escondida".

Lo que vemos en la televisión, inevitablemente, forma parte de nuestra memoria, viene a ser "información de fondo" para un comportamiento justificado. ¡Si lo que ve *no* es lo que quiere hacer, entonces cambie lo que ve!

Es una comodidad poner
los enredos de la vida
en las manos de Dios
y dejarlos ahí.

❋ ❋ ❋

Echa sobre el Señor tu carga,
y él te sustentará; no dejará para
siempre caído al justo.

Salmos 55:22

Hace muchos años, una mujer que sintió el llamado al ministerio fue aceptada en un notable seminario. Allí había sólo dos mujeres, y su presencia parecía molestar a los hombres compañeros de clases. Ella se sentía aislada y al mismo tiempo como un objeto en exhibición. Para agravar el asunto, muchos de sus profesores estaban haciendo todo lo posible por destruir su fe en vez de edificarla. Hasta su tiempo privado de devociones lo sentía árido y solitario.

En el receso de Navidad buscó el consejo de su padre. "¿Cómo puedo mantenerme firme en mi decisión y en mi teología con todo esto que estoy enfrentando allá?"

El padre sacó un lápiz del bolsillo y lo puso en la palma de su mano. "¿Puede el lápiz pararse solo?", le preguntó.

"No", respondió ella. Entonces su padre tomó el lápiz y lo mantuvo en posición vertical. "Ah", dijo ella, "pero ahora tú lo estás sujetando".

"Hija", respondió el padre, "tu vida es como este lápiz. Pero Jesucristo es el que te sujeta". La joven tomó su lápiz y regresó al seminario.

La amistad mejora
la felicidad y reduce
la miseria al multiplicar
nuestro gozo, y disminuir
nuestras penas.

En todo tiempo ama al amigo,
y es como un hermano en
tiempo de angustia.

Proverbios 17:17

Ellas mismas se llaman "Las Damas del Lago" pero no han hecho de esto un club. Más bien, el grupo empezó cuando una de las mujeres llegó un día a su casa exhausta de un viaje de negocios y llegó a la conclusión de que ella tenía en su vida mucho más que una sola cosa: ¡HOMBRES! Con un esposo y dos hijos en la casa, en el trabajo rodeada mayormente de hombres y un padre anciano y un tío a quien cuidar, decidió separar algún tiempo para ella y algunas amigas.

A través de los años, Paula no había cultivado las amistades, pero había decidido hacer un cambio. Últimamente había descubierto a tres mujeres que tenían la misma opinión: una era la dueña de un taller de mecánica, otra trabajaba para un contratista y la otra trabajaba en una parada de camiones. Las mujeres sacaron sus calendarios una noche después de la cena, y acordaron "¡Hacer un viaje al lago por lo menos una vez cada tres meses!"

En el lago, las mujeres escuchaban a Mozart, planeaban algunas comidas y se sentaban en el muelle a mirar el agua. Hablaban por horas acerca de todo sin una agenda.

A través de los años, se volvieron muy unidas, y a menudo se referían unas a otras como "hermanas". Paula dice: "Nadie comprende como otra mujer".

Todos tenemos un cartel
invisible colgando del
cuello que dice:
"¡Hazme sentir importante!"

Por lo cual, animaos unos a otros,
y edificaos unos a otros,
así como lo hacéis.

1 Tesalonicenses 5:11

No es suficiente

No es suficiente decir en nuestros corazones
Que nos gusta un hombre por su forma,
No es suficiente que llenemos nuestras mentes
Con himnos y elogios silenciosos;
Ni es suficiente que honremos a un hombre
Para que nuestra confianza aumente,
¡Ésta la aumenta el hombre mismo,
Y diciéndole que eso cuenta!
Si un hombre hace un trabajo que
 verdaderamente admira,
No calle ni una sola palabra,
Si teme que lo envanezcan
Y le provoque "perder la cabeza".
Entonces tome su mano y dígale,
"Bien hecho", y mire como su gratitud crece;
No son las flores que se marchitan en los sepulcros,
Es la palabra viva la que dice.

-Anónimo

Por falta de elogio, muchos sacan conclusiones negativas de otros. Nosotros podemos curar a las personas elogiándolas. Permítale hoy a alguien saber que usted piensa bien de él o ella. ¡Qué diferencia harán sus palabras!

*No es demasiado pronto para
ser bondadosos porque uno
nunca sabe ¡cuán pronto va
a ser demasiado tarde!*

❀ ❀ ❀

Antes exhortaos los unos a los
otros cada día, entre tanto que se
dice: hoy; para que ninguno de
nosotros se endurezca por el
engaño del pecado.

Hebreos 3:13

William McKinley trabajaba en el Congreso antes de ser electo como el 25 presidente de los Estados Unidos. Una mañana en el camino hacia la oficina del congreso, abordó un transporte público y ocupó el último asiento que quedaba disponible. Minutos más tarde, una mujer que parecía estar enferma abordó el vehículo. Sin poder encontrar asiento, se sujetó a un pasamanos cerca de uno de los colegas de McKinley. El otro congresista se escondió detrás de su periódico y no le ofreció su asiento a la mujer. McKinley fue hasta ella, la tocó en el hombro y le ofreció su asiento y ocupó el lugar de ella en el pasillo.

Años más tarde cuando McKinley fue presidente, le recomendaron a este mismo congresista para un puesto de embajador en otro país. McKinley no lo aceptó. Temía que ese hombre que no había tenido la cortesía de ofrecer su asiento a una mujer enferma en un transporte público repleto podría haber perdido la sensibilidad y la cortesía necesarias para ser embajador en un turbulento país.

El decepcionado congresista se lamentó de su suerte con muchos en Washington, pero nunca supo por qué McKinley escogió a otro para la posición.

Los actos de bondad pueden llevarnos a la prominencia. Después, ¡desde esa posición prominente uno puede ser bondadoso aun con más personas!

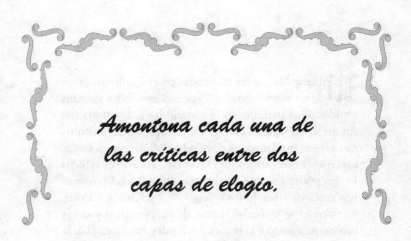

*Amontona cada una de
las críticas entre dos
capas de elogio.*

❈ ❈ ❈

𝕼ue prediques la palabra; que
instes a tiempo y fuera de tiempo;
redarguye, reprende, exhorta con
toda paciencia y doctrina.

2 Timoteo 4:2

Al poco tiempo de graduados Joe y Lana se casaron. Uno de sus primeros descubrimientos maritales fue lo diferente que pensaban sobre "llegar a tiempo". Para no terminar su luna de miel tan pronto, Lana se quejaba ligeramente consigo misma de que Joe llegaba tarde. Pero él nunca se dio por aludido, y pronto su queja se tornó en una crítica abierta.

Aparentemente, no parece haber mucha diferencia entre exponer un problema y criticarlo, pero en una relación, la selección de las palabras puede formular respuestas muy diferentes. La crítica ataca la personalidad y el carácter de la persona. Cuando Lana *criticaba* a Joe, podría decir: "¡Sólo estás pensando en ti!"

Exponer el asunto para discutirlo en una forma positiva es el primer paso para buscar una solución. Una persona que pregunta con amabilidad: "¿No te da vergüenza cuando llegas tarde?" Está abriendo el diálogo para buscar una solución al problema. La crítica sólo hiere el alma, pone a la otra persona a la defensiva y por lo general termina sin darle una solución al problema.

¡Cuidado con lo que dice! ¡La crítica puede causar una herida que quizá tomaría años para sanar, pero una actitud amable y cortés en la resolución de un problema le puede ahorrar años de lágrimas!

En los tiempos difíciles,
no dejes de intentar.

❋ ❋ ❋

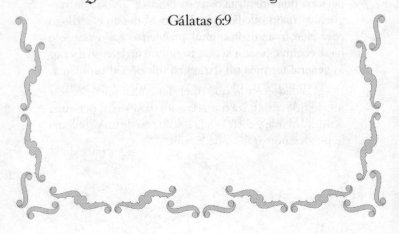

No nos cansemos, pues, de hacer
bien; porque a su tiempo
segaremos, si no desmayamos.

Gálatas 6:9

Alguien dijo que no se podía hacer,
Pero él contestó con una sonrisa entre dientes,
Eso "quizá no se pueda" pero él podría hacerlo
Nadie puede decirlo si no lo ha intentado.
Por eso dibujó una sonrisa en el rostro.
Si se preocupó, lo ocultó.
Empezó a cantar mientras agarraba el objeto
Que no podía hacerse. Y lo hizo.
Alguien le había dicho burlándose:
"Oh nunca lo vas a hacer,
Por lo menos nadie lo ha hecho".
Pero él se quitó el abrigo y el sombrero
Y cuando se dio cuenta ya había empezado.
Con la barbilla en alto y una sonrisa,
Si surgía alguna duda la eliminaba;
Empezó a cantar mientras agarraba el objeto
Que no podía hacerse, y lo hizo.
Hay miles que le dirán que no se puede hacer,
Hay miles que le profetizarán el fracaso;
Hay miles que le advertirán, uno a uno,
Todos los peligros que le acechan,
Pero simplemente dibuje una sonrisa en su rostro,
Después quítese el abrigo y comience.
Sólo empiece a cantar mientras agarra el objeto
Que no se puede hacer, y lo hará.

                                    -Desconocido

¿Qué puede ser más divertido que amar lo que uno hace y sentir que es importante?

Cuando comieres el trabajo de tus manos, bienaventurado serás, y te irá bien.

Salmos 128:2

Un periódico en Inglaterra, una vez hizo esta pregunta a los lectores: "¿Quién es la persona más feliz de la tierra?"

Las cuatro respuestas premiadas fueron:

- Un pequeño que hace castillos de arena.
- Un artista o un artesano que está silbando por un trabajo bien terminado.
- Una madre que baña a su pequeño después de un agitado día.
- Un doctor que terminó una cirugía difícil salvando una vida.

El editor del periódico estaba sorprendido de no encontrar prácticamente a nadie que propusiera a los reyes, los emperadores, los millonarios u otros ricos y famosos como las personas más felices del planeta.

W. Beran Wolfe una vez dijo: "Si uno observa a un hombre realmente feliz lo va a encontrar construyendo un barco, escribiendo una sinfonía, educando a su hijo, cultivando dalias en el jardín, buscando huevos de dinosaurios en el desierto de Gobi. No va a estar buscando la felicidad como si fuera el cierre de un collar que se ha caído debajo del radiador. No va a estar esforzándose por conseguirla como si fuera una meta. Él se va a dar cuenta de que es feliz en el transcurso de vivir la vida muy ocupado las 24 horas del día".

La vida es como una moneda. Se puede gastar en lo que uno quiera, pero sólo se puede gastar una vez.

Cuando no sabéis lo que será mañana. Porque ¿qué es vuestra vida? Ciertamente es neblina que se aparece por un poco de tiempo, y luego se desbanece.

Santiago 4:14

Anita Septimus ha trabajado como trabajadora social con niños infectados con el virus del SIDA desde 1985. En los primeros meses de trabajar con sus pequeños clientes, tres murieron. La desesperación comenzó a agobiarla. Se hizo el compromiso de cargar con ese trabajo por tres meses más, durante los cuales no podía apartar las palabras de su amiga de su pensamiento: "No has escogido una profesión bonita".

Tenía que admitirlo, su amiga tenía razón. Se decidió a aceptar la realidad y simplemente a hacer lo que podía para ayudar a las familias a hacer lo máximo con la vida que les quedaba a sus hijos. Todavía está ahí.

A través de los pasados diez años, su clínica ha crecido considerablemente. Hoy, Anita y sus empleados cuidan más de 300 familias con niños enfermos de SIDA. Las visitan en sus hogares, les enseñan la prevención de la infección y ayudan a los padres a planear para el futuro. Sacan a pasear a los pequeños al zoológico, al circo y a los campamentos de verano.

Un bebé con SIDA que no se esperaba que llegara al primer año de vida, recientemente celebró su décimo cumpleaños. Tales clientes a "largo plazo" le devuelven a Anita lo que ella califica como "un indestructible sentido de esperanza", ¡un regalo precioso!

La diligencia es la madre de la buena fortuna.

❀ ❀ ❀

El malo, por la altivez de su rostro, no busca a Dios; no hay Dios en ninguno de sus pensamientos.

Proverbios 10:4

En una repisa había una maravillosa y cara escultura oriental. La escultura es de una mujer con un tocado alto, y encima se balancea una pelota esculpida intrincadamente. Adentro de esa esfera hay otra un poquito más pequeña de igual complejidad, y adentro de esa, otra y otra más hasta que uno no puede ver más a través de los diminutos huequitos esculpidos para saber cuántas pelotas verdaderamente son.

Varias cosas hacen este orbe realmente admirable. Ninguna de las uniones de las pelotas tiene ni una marca, completamente sueltas por dentro y por fuera, y magníficas en su diseño espacioso y fino. La esfera fue esculpida en una sola pieza de marfil hace más de 100 años, antes de la época de los instrumentos de aumento electrónicos.

¿Por qué el artista esculpió tantas capas con tal precisión? Las esferas más pequeñas no las pueden ver claramente la mayoría de las personas, y cada una está terminada con tanta destreza y arte como lo hizo con las más grandes, las de la parte exterior.

Los pequeños detalles de un trabajo quizá no siempre pasen inadvertidos u ocultos. Como a este artista, la excelencia en las pequeñas cosas puede traer prosperidad en esta vida y hacerla una leyenda para generaciones futuras.

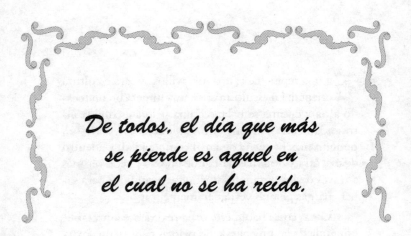

*De todos, el día que más
se pierde es aquel en
el cual no se ha reído.*

El corazón alegre hermosea
el rostro; más por el dolor del
corazón el espíritu se abate.

Proverbios 15:13

Una pequeña estaba desayunando una mañana cuando de repente un rayo de sol apareció entre las nubes y se reflejó en la cuchara de su plato de cereal. Inmediatamente la puso en su boca. Con una amplia sonrisa le dijo a su mamá: "¡Me tragué una cucharada de sol!"

Una simple cucharada de sol puede ser el mejor "alimento para el alma" que una persona puede tener en el día. Un prominente cirujano escribió una vez: "Anime a su hijo a estar alegre y a reírse a carcajadas. Una risa amplia, abundante, expande el tórax y hace fluir mejor la sangre. Una carcajada suena bien en la casa. No sólo le hará bien a su hijo, sino que será beneficiosa para todo el que la escucha, y es un medio importante para apartar las penas del hogar. La alegría es muy contagiosa y se expande extraordinariamente, pocos pueden resistirse al contagio. Las carcajadas tienen una armonía preciosa; realmente es lo mejor de la música".[7]

Un viejo poema aconseja: ¡Si está en la Línea de la Melancolía, en el Tren de la Preocupación, o en la Vía del Malhumor, pida un transbordo! Es el momento de abordar el Tren de la Alegría y siéntese en uno de sus Divertidos Vagones..

*Uno puede lograr más en
una hora con Dios que
en toda una vida sin Él.*

Andad sabiamente para
con los de afuera,
redimiendo el tiempo.

Colosenses 4:5

En *A Closer Walk*[7] Catherine Marshall escribe acerca de una vecina: "Cynthia sentía que estaba perdiendo su identidad en la interminable procesión de eventos sociales y siendo chofer de sus hijos. Durante una fiesta, Cynthia decidió limitarse a tomar refrescos y a hacer algunos descubrimientos, no especialmente agradables: 'Miré el grupo desde otro punto de vista', me dijo. 'Nadie estaba diciendo nada verdaderamente... De repente yo empecé a preguntar acerca de lo que llamábamos 'la buena vida'".

"En busca de respuestas, Cynthia separó una hora diaria para la meditación. Después de algunas semanas, se dio cuenta de que estaba haciendo esto por algo más que por sus propios pensamientos y psiquis... Por Alguien que la amaba e insistía en que ese amor se transmitiera a sus familiares y amigos".

Ella hizo cambios en su vida como resultado de su "hora con Dios". Cambió la hora de la cena para que toda la familia compartiera junta. Una noche a la semana se cambió la televisión por la "Noche de Juegos Familiares". Ella y su esposo se unieron a un estudio bíblico que se reunía dos veces al mes. En total, Cynthia concluyó: "Dios ... el autor de la creatividad está listo para cambiar una vida aburrida en una llena de aventuras en el momento que se le permite a su Santo Espíritu trabajar".

*Valentía es hacer resistencia
al temor, dominar el temor.
No la ausencia de temor.*

❀ ❀ ❀

Por tanto, tomad toda la armadura
de Dios, para que podáis resistir
en el día malo, y habiendo acabado
todo, estad firmes. Estad, pues,
firmes, ceñidos buestros lomos
con la berdad, y bestidos con
la coraza de justicia.

Efesios 6:13,14

Napoleón llamó a Marshall Ney el hombre más valiente jamás conocido. Sin embargo sus rodillas temblaban tanto una mañana antes de una batalla que tuvo dificultad para montar su caballo. Cuando finalmente estuvo en la silla, le gritó despectivamente a sus miembros: "Rodillas, sigan temblando. Temblarán más cuando sepan adónde las voy a llevar".

La valentía no es asunto de no sentir temor. ¡Es cuestión de entrar en acción incluso cuando se tiene miedo!

La valentía es más que un mero alarde, gritando: "¡Yo puedo hacer eso!" Y lanzarse a algún desafío peligroso con una actitud de vencer o morir.

El verdadero coraje se manifiesta cuando una persona escoge tomar una línea de acción difícil e incluso peligrosa porque es lo correcto. Coraje es mirar más allá de sí mismo para ver qué es mejor para otros.

El Santo Espíritu de Dios es la fuente de toda valentía, nuestro Consolador. Su esencia es permanecer a nuestro lado para ayudarnos. Cuando le damos la bienvenida a nuestras vidas y nos obliga a hacer algo, podemos estar completamente confiados de que ¡Él estará ahí, ayudándonos para lograrlo!

*El arte de ser sabio es
el arte de saber qué
pasas por alto.*

❀ ❀ ❀

La cordura del hombre detiene
su furor, y su honra es pasar
por alto la ofensa.

Proverbios 19:11

La historia es acerca de una pareja en la celebración de sus bodas de oro. Rodeados de sus hijos, nietos y bisnietos, se le preguntó a la esposa su secreto para tener un matrimonio tan duradero y feliz. Con una amorosa mirada a su esposo, contestó: "El día de mi boda, decidí hacer una lista de los diez defectos de mi esposo, los cuales por los votos matrimoniales, yo pasaría por alto. Me imaginé que podría vivir con al menos diez defectos".

Una invitada le pidió que identificara algunos de esos defectos. Su esposo parecía un poquito preocupado con la idea de revelar sus debilidades y desperfectos al grupo reunido. Sin embargo, su esposa dulcemente respondió: "Para decirte la verdad, querida, nunca los difundí. En su lugar, cada vez que mi esposo hacía algo que me enfurecía, simplemente me decía a mí misma, *¡Qué dicha que es uno de los diez!"*

Hasta los amigos y los esposos más fieles experimentan tormentas en sus relaciones de vez en cuando. Algunos problemas son dignos de ventilar con el fin de resolverlos. Otros es mejor dejarlos sin discutir. Con el tiempo, los asuntos de poca importancia tienden a pasar sin necesidad de "estallar".

El triunfo es el intento mantenido.

❀ ❀ ❀

No nos cansemos, pues, de
hacer el bien; porque a
su tiempo segaremos,
si no desmayamos.

Gálatas 6:9

Mónica Seles recientemente ganó su primer torneo de tenis en más de dos años, desde que fue herida en el hombro por un aficionado fanático.

Soportando una temperatura de 100 grados y la tendonitis de su rodilla izquierda, rugía a través del Abierto de Canadá para derrotar a tres de los veinte mejores jugadores en rumbo al partido final el cual duró sólo 51 minutos. La pesadilla de su recuperación realmente había llegado a su fin.

Para ayudar a su recuperación, Mónica le pidió a la campeona Olímpica Jackie Joyner-Kersee y a su esposo y entrenador Bob Kersee, que le pusieran una estricta rutina de ejercicios. Mientras tanto trabajaba para superar los efectos emocionales que acompañan a semejantes ataques.

Su padre y entrenador, Karolj, que había sido afectado por cáncer en la próstata y en el estómago, era su continua fuente de inspiración. Ella dijo: "Yo estaba desplomada y él entró a mi habitación y me dijo que no podía seguir viéndome así. Entonces decidí que tenía que intentarlo y dejar todo atrás y seguir".

¿Se ha sentido alguna vez "traicionada" mientras hacía algo bueno? A menudo nuestra primera intención es apartarnos, pero con un Dios creador y amoroso, que nos inspira en todo momento, simplemente ¡no podemos irnos! Nuestros detractores tendrán que decir de nosotros como dijeron de Mónica: "¡Ella regresa!"

*A las personas no les importa
cuánto uno sabe, hasta que
saben cuánto uno se interesa...
por ellos.*

Y si tubiese profecía, y entendiese
todos los misterios y toda ciencia,
y si tubiese toda la fe, de tal
manera que trasladase
los montes, y no tengo
amor, nada soy.

1 Corintios 13:2

En una noche helada en Virginia, un anciano, con la esperanza de que alguien lo llevara en un caballo para poder cruzar el río, esperaba en una de las orillas. Su barba estaba brillante de la escarcha y su cuerpo se entumecía cada vez más hasta que al fin escuchó el sonido de los cascos de los caballos. Ansiosamente veía cómo aparecían numerosos jinetes. Dejó pasar el primero sin hacer ningún esfuerzo por llamar su atención, después a otro y a otro. Finalmente, quedaba sólo uno. Cuándo se acercó, el anciano le preguntó: "¿Señor, no le importaría pasarme al otro lado?"

El jinete ayudó al anciano hasta el caballo y sintiendo que estaba medio congelado, decidió llevarlo hasta su casa, la cual estaba a varias millas de distancia. Mientras iban en el caballo, el jinete preguntó: "¿Por qué no le pidió a alguno de los otros que le ayudara? Yo era el último. ¿Qué hubiera sucedido si yo me niego?" El anciano le dijo: "Hijo, yo tengo mucha experiencia y conozco muy bien la gente. Cuando le miro a los ojos y veo que no les importa mi condición, sé que es inútil preguntar. Cuando te miré a los ojos, vi bondad y compasión".

En la puerta de la casa del anciano el jinete decidió: "Nunca estaré demasiado ocupado en mis asuntos como para dejar de responder a las necesidades de los demás". Y con esto, Thomas Jefferson se volteó y dirigió su caballo otra vez hacia la Casa Blanca.

*Las palabras amables
valen mucho y
cuestan poco.*

❀ ❀ ❀

Panal de miel son los dichos
suaves; suavidad al alma y
medicina para los huesos.

Salmos 16:24

Decir cosas positivas toma tanta energía como decir cosas negativas. En realidad, pueden tomar aun menos. Investigaciones han revelado que cuando uno dice palabras positivas –incluso en circunstancias difíciles o en situaciones problemáticas– nuestros cuerpos se relajan. Según nos relajamos, el flujo de sangre aumenta, incluyendo el flujo de sangre al cerebro. Un cerebro bien oxigenado tiene muchas posibilidades de pensar creativamente, hacer decisiones sabias, encontrar soluciones razonables y generar respuestas a las preguntas.

Las palabras positivas mejoran las relaciones y crean una atmósfera de paz, lo que conduce al descanso, al relajamiento, al rejuvenecimiento y al sueño, todo lo necesario para una buena salud.

Por otro lado, contrario a los conceptos populares, las palabras negativas no dejan ir la tensión... mantienen el cuerpo en estado de tensión, con los músculos y los vasos sanguíneos contraídos. El comportamiento irracional y poco creativo, son los efectos secundarios.

Un flujo continuo de palabras negativas provoca sufrimiento en las relaciones, lo que crea una atmósfera sin armonía y hace que tengamos sueños irregulares y nos desgasta los nervios, ¡nada de esto es saludable!

¡Una de las mejores cosas que podemos hacer es transformar nuestros hábitos de expresión!

Yo no sé cuál es el secreto del éxito, pero la clave del fracaso es tratar de complacer a todos.

Ninguno puede servir a dos señores; porque o aborrecerá al uno y amará al otro, o estimará al uno y menospreciará al otro. No podéis servir a Dios y a las riquezas.

Mateo 6:24

Se cuenta una historia de una pintora que quería hacer una obra que complaciera a todo el mundo. Dibujó un cuadro donde puso lo mejor de ella y lo llevó a un mercado público. En la parte de abajo dio instrucciones a los espectadores de que marcaran con una brocha la porción del cuadro que no les gustara. Las personas vinieron y en general aplaudieron el trabajo. Pero todos ansiosos de expresar su criterio personal, marcaron una pequeña parte de la pintura. Por la noche, la pintora se mortificó al ver que toda la pintura se había convertido en una mancha.

Al día siguiente la pintora volvió con una copia de la pintura. Esta vez les pidió a los espectadores que marcaran las partes que admiraban. Los espectadores accedieron otra vez. Cuando la artista regresó horas más tarde, encontró que cada uno de los brochazos que habían criticado el día anterior habían sido elogiados por los críticos de ese día.

La artista concluyó: "Ahora creo que la mejor manera de complacer a la mitad del mundo es no teniendo en cuenta lo que digan otros".

La gente siempre va a tener una opinión sobre lo que decimos o hacemos. Por eso nosotros debemos vivir nuestras vidas de acuerdo a las palabras de la Biblia: la opinión de Dios. Así no nos preocuparemos por la opinión de los demás.

*En este mundo todos somos
útiles para hacer más
livianas las cargas
de los demás.*

Sobrellevad los unos las cargas
de los otros, y cumplid así
la ley de Cristo.

Gálatas 6:2

Carol Porter, una enfermera certificada, es cofundadora de Kid-Care, Inc. Un grupo no lucrativo de voluntarios que reparten 500 comidas gratis diarias a los vecindarios pobres. Cada alimento es preparado en el apretado hogar de los Porter en Houston, donde se han instalado estufas y refrigeradores adicionales en lo que usualmente es la sala familiar y el estudio. Kid-Care no recibe fondos públicos, y a través de los esfuerzos de Carol han conseguido la ayuda de algunas corporaciones, la mayoría de su presupuesto de $500,000 viene de las donaciones individuales.

Carol da el crédito a su difunta madre, Lula Doe, por darle la idea para crear Kid-Care. En 1984, Lula convenció a un supermercado local para que no botaran los vegetales y frutas defectuosas, sino que le permitieran distribuírselos a los pobres.

Durante la Navidad de 1989, Carol vio a un grupo de niños buscando alimentos en un recipiente de basura de un restaurante McDonalds. Y dijo: "Vi la condición del Tercer Mundo, como tirar una piedra desde donde yo vivo". Kid-Care fue la respuesta.

"Las personas me preguntan, qué gano con eso. Y les digo que vengan conmigo y vean las caras de esos niños. Eso es lo que gano. Ella ve los alimentos como algo "mejor que un helado... Es esperanza".[8]

El propósito en la vida viene cuando nos proponemos llevar las cargas de otros... ¡mostrar el amor de Dios al hacer por ellos lo que no pueden hacer por sí mismos!

*No siga el sendero
-mejor vaya donde no haya
sendero y deje un camino.*

Entonces tus oídos oirán a tus
espaldas palabra que diga: Este es
el camino, andad por él; y no
echéis a la mano derecha, ni
tampoco torzáis a la izquierda.

Isaías 30:21

Hace muchos años un internista en un hospital de Nueva York escuchó a un cirujano lamentar que en realidad la mayoría de los tumores cerebrales eran mortales. El cirujano predijo que algún día un cirujano descubriría cómo salvar la vida de esos pacientes. El internista Ernest Sachs aceptó el reto de ser él ese cirujano. En ese momento el experto en anatomía del cerebro era Sir Victor Horsley. Sachs recibió permiso para estudiar bajo su tutela, pero pensó que debía prepararse para la experiencia estudiando durante seis meses con algunos de los médicos más capacitados de Alemania. Después fue a Inglaterra, donde sirvió de asistente del doctor Horsley por dos años en los largos y complicados experimentos con docenas de monos.

Cuando Sachs regresó a América fue ridiculizado por solicitar la oportunidad de tratar los tumores cerebrales. Luchó contra los obstáculos y el desaliento por años, impulsado por los incontrolables deseos de triunfar en su empresa. Hoy, en gran parte gracias al doctor Sachs, la mayoría de los tumores cerebrales pueden curarse. Su libro *The Diagnosis and Treatment of Brain Tumors*, es considerado una autoridad en la materia.

Porque algo *no ha sido* hecho en el presente no significa que *no se pueda* hacer. ¡Y quizá usted sea una de las personas que lo haga!

Hay una sola cosa que rige la mayor parte de la vida; una conciencia tranquila.

❀ ❀ ❀

Amados, si nuestro corazón no nos reprende, confianza tenemos en Dios.

1 Juan 3:21

Un día una de las secretarias del presidente Woodrow Wilson se le acercó y le sugirió que dejara su trabajo para disfrutar de una diversión que a él le encantaba. El presidente respondió: "Mi jefe no me deja hacer eso".

"¿Su jefe?", dijo la secretaria, preguntándose quién podría ser el jefe del máximo dirigente de los Estados Unidos.

"Sí", dijo Wilson. "Tengo una conciencia, que es mi jefe. Ella me guía a mis obligaciones, y no me permite aceptar esa tentadora invitación".

Nuestra conciencia es una de las cosas más preciadas que poseemos. Es a través de nuestra conciencia que recibimos los impulsos internos de Dios, los cuales cuando concuerdan con nuestras acciones, nos dirigen hacia un camino seguro y eterno.

Se ha dicho que "La conciencia es como el termostato de la unidad de aire acondicionado, patea cuando hay cosas en el eje que lo están calentando demasiado".

Es posible no hacer caso a nuestra conciencia y "dejarse llevar por los demás", pero esto es un triste desperdicio de nuestras vidas. La conciencia es la ventana del alma a través de la cual nosotros escuchamos la voz de Dios, quien siempre nos lleva al éxito y nos da paz interior.

Escuche con atención, ¡Él quizás tenga algo bueno que decirle!

*Mi obligación es hacer
lo correcto, el resto está
en las manos de Dios.*

Si sabéis que él es justo, sabed
también que todo el que hace
justicia es nacido de él.

1 Juan 2:29

En *Dakota*, Kathleen Norris escribió: "Una hermana benedictina de las Filipinas, me contó lo que su comunidad hizo cuando algunas hermanas tomaron las calles en una revuelta popular en contra del régimen de Marcos. Algunos pensaban que no era apropiado para las monjas hacer manifestaciones públicas, corriendo el riesgo de que las arrestaran. En una reunión del grupo que empezó y terminó con oraciones, las hermanas que deseaban continuar con sus manifestaciones explicaron que esto era para ellas una obligación religiosa; aquellas que no estaban de acuerdo también tenían sus razones. Todas hablaron y escucharon, y dieron consejos.

"Finalmente decidieron que las monjas que estaban en la manifestación que siguieran haciéndolo; aquellas que desearan expresar solidaridad, pero que no estaban dispuestas a marchar podrían preparar los alimentos y ayudar en los primeros auxilios a las manifestantes, y aquellas que no estaban de acuerdo podrían orar por todas. Las hermanas rieron y dijeron: 'Si alguna de las hermanas conservadoras está orando para que nosotras las jóvenes alocadas, sentemos cabeza y dejemos las calles, está bien. Todavía somos una comunidad".

Dios llama a unos a la acción, a otros a apoyarlos y a otros a orar. ¡Cada uno hará lo que sea "correcto" ante Sus ojos si obedecen Su llamado!

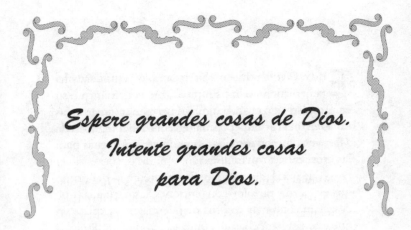

Espere grandes cosas de Dios.
Intente grandes cosas
para Dios.

❀ ❀ ❀

De cierto, de cierto os digo:
El que en mí cree, las obras
que yo hago, él las hará también;
y aun mayores hará, porque
yo voy al Padre.

Juan 14:12

Gladys Aylward se veía a sí misma como una simple mujer que sólo hacía lo que Dios le llamara a hacer. Pero, su vida era tan significativa que ambos, un libro *The Small Woman* y una película *The Inn of Sixth Happiness*, fueron inspirados por las grandes cosas que Dios realizaba a través de ella.

Aylward, ciudadana británica, dejó su hogar en 1920 y navegó hacia China. Allí adoptó huérfanos que sistemáticamente eran rechazados, niños que habían sido desplazados por las agitaciones políticas del momento y dejados hambrientos o errantes a su suerte hasta que se ubicaran en albergues del gobierno. Gladys le dio a esos niños un hogar.

Cuando los japoneses invadieron China, fue forzada a huir con 100 niños. Llegó a la isla de Formosa con su carga. Allí continuó con su devoción por criar niños que no conocían a otra madre.

Gladys explica su asombroso trabajo para Dios así: "Yo no escogí esto. Fui llevada ahí por Dios. Realmente no estoy más interesada en los niños que en las demás personas, pero Dios a través de su Santo Espíritu me dio el entendimiento de que eso es lo que Él quería que yo hiciera, por eso lo hice".

¿Ama usted la vida?
Entonces no malgaste
el tiempo, de eso está
hecha la vida.

❀ ❀ ❀

Recuerda cuán breve es mi tiempo;
¿por qué habrás creado en bano
a todo hijo de hombre?"

Salmo 89:47

Una vez, una mujer soñó que un ángel le estaba dando este mensaje: "Como recompensa por tus virtudes, la suma de $1,440 será depositada en tu cuenta de banco cada mañana. Con sólo una condición. Al final de cada día laboral, cualquier cantidad que no se haya utilizado será cancelada. No se sumará con el del próximo día ni acumulará intereses. Cada mañana, unos $1,440 nuevos serán acreditados".

El sueño fue tan real, que le pidió al Señor que le mostrara lo que significaba. Él la llevó a darse cuenta de que ella estaba recibiendo 1,440 minutos cada mañana, el número total de minutos en 24 horas. ¡Lo que hiciera con este depósito de tiempo era importante porque 1,440 minutos por día sería todo lo que recibiría!

Cada uno de nosotros tiene una cuenta parecida. Al final de cada día "laboral", debemos estar dispuestos a echar un vistazo a nuestro libro y ver si esos preciados minutos han sido gastados sabiamente.

El tiempo es el regalo de Dios para usted. Lo que haga con su tiempo es el regalo suyo para Dios.

*La hierba puede ser más verde
en otro lado pero, aún así,
tiene que ser cortada.*

❀ ❀ ❀

Sean vuestras costumbres sin
avaricia, contentos con lo que
tenéis ahora; porque él dijo: no
te desampararé ni te dejaré.

Hebreos 13:5

Hace varios años, vi una caricatura en un periódico que tenía dibujado dos campos divididos por una cerca. Ambos eran casi del mismo tamaño, y cada uno tenía bastante hierba verde.

Los campos tenían una mula, cada una con la cabeza atorada en los alambres de la cerca, comiéndose la hierba del otro pasto. Aunque cada mula estaba rodeada de suficiente hierba, el campo del vecino parecía más apetitoso, aunque fuera más difícil de alcanzar.

En el proceso, las cabezas de las mulas se habían atorado en la cerca. Las invadió el pánico y rebuznaban incontrolablemente al no poder soltarse por sí solas. El caricaturista describió sabiamente la situación con un encabezamiento: "DESCONTENTO".

Como las mulas, cuando nos enfrascamos en lo que *no* tenemos nos volvemos ciegos a las bendiciones que nos rodean. No hay nada malo en desear algo, pero pensar que la vida es fácil en el pasto de cualquiera otra persona no es real. Además, no importa en cuál pasto esté, siempre tendremos que lidiar con las actitudes de nuestro propio corazón.

Si hay algo que usted desea en la vida, quizás una casa, un auto mejor, o su negocio propio, cuente con Jesús para que le ayude a realizarlo. Y mientras Él está trabajando en eso, ¡recuerde encontrar placer en lo que ya le ha dado!

Cada trabajo es un
autorretrato de la persona
que lo hace.
Autografie su trabajo
con excelencia.

Muchas mujeres hicieron
el bien; mas tú sobrepasas
a todas.

Proverbios 31:29

Alguien preguntó una vez a Al Jolson, una popular estrella de la comedia musical, en los años veinte, qué había hecho para motivar a una audiencia tan apática. Jolson contestó: "Siempre que salgo al escenario y no obtengo la respuesta que creo que debo tener... no vuelvo para detrás de las cortinas y me digo a mí mismo 'esta audiencia está muerta, son un grupo de inexpresivos'. No, en vez de eso me digo a mí mismo, 'mira eso, Al, ¿qué pasa contigo esta noche? Con la audiencia está todo bien, pero contigo todo está mal, Al'".

Muchos presentadores han culpado a la audiencia por una mala presentación. Al Jolson tuvo un enfoque diferente. Trató de hacer las mejores presentaciones de su carrera a las audiencias más frías, más inexpresivas... y el resultado fue que antes de que se terminara el espectáculo, lo aplaudían y le pedían más.

Siempre se encontrarán excusas para la mediocridad. En realidad, cuando una persona intenta justificar una mala presentación, generalmente tiene excusas en línea antes de caer la cortina. Prefiera poner toda su energía en su presentación. Un esfuerzo adicional tornará un espectáculo regular en algo extraordinario.

¡Ah!... las alegrías por un trabajo bien hecho... ¡ésa es la verdadera satisfacción!

Los grandes logros son aquellos que benefician a otros.

El que es el mayor de vosotros, sea vuestro siervo.

Mateo 23:11

Para el argumento de la novela *All My Children,* la alta sociedad filantrópica llamó a Brooke English para que se mudara a los refugios de desamparados y así pudiera entender mejor su situación. Julia Barr, que representa a Brooke, se sintió motivada por el papel a experimentar en su propia vida. Decidió participar en First Step, un programa en la ciudad de Nueva York que prepara para conseguir trabajo a las mujeres desamparadas y a las que fueron desamparadas. La sesión de ocho semanas incluye un mentor individual, asesoramientos para hacer los curriculos vitae, acceso a puestos de internos en los trabajos, ropas para las entrevistas y charlas alentadoras de personas como ellas.

Julia dijo: "Yo sé cómo se siente cuando uno pierde la motivación y la auto-estima. Yo tendía a aplazarlo todo, raras veces llegaba a tiempo, era más bien mandona, era muy rebelde -todos tenemos cosas que ocultamos y por eso comparto las mías".[10]

Julia no está sólo dando su tiempo sino también su dinero. Cuando su abuela materna, Myrtle, murió a la edad de 104 años, le dejó a Julia "una buena cantidad de dinero". Ttoda fue donada a First Step.

Julia Barr tiene un premio Emmy y seis nominaciones, pero aquellas en First Step la recordarán por el cuidado que les dio.

*Una vez que empiece
una tarea, nunca la deje
hasta que esté concluida.
Sea grande o pequeña
la tarea, hágala bien
o no la haga.*

❀ ❀ ❀

Todo lo que te viniere a la mano
para hacer, hazlo según tus
fuerzas; porque en el Seol,
adonde vas, no hay obra,
ni trabajo, ni ciencia,
ni sabiduría.

Eclesiastés 9:10

Una vez una serie de ilustraciones en una popular revista describieron la historia de la vida de una "música de una nota". De cuadro a cuadro, el cuento revelaba cómo la mujer seguía su rutina diaria de dormir y comer hasta que llegaba el momento del concierto. Cuidadosamente inspeccionaba su violín, ocupaba su asiento entre los demás violinistas, acomodaba la partitura en el atril y sintonizaba su instrumento. Mientras el concierto empezaba, el director habilidosamente le indicaba primero a un grupo de músicos y después a otro hasta que finalmente, el momento crucial llegaba. ¡El momento de que una nota fuera tocada!

El director se volvió hacia los violines y le señaló a ella que tocara su nota. Ella lo hizo, el momento tan esperado había pasado. La orquesta tocaba y la mujer "una nota" permanecía sentada tranquilamente durante el resto del concierto, con un poco de decepción por sólo haber tocado una nota, pero con conformidad y paz por haber tocado su nota afinadamente, en el momento y con gran placer.

Algunas veces las personas "una nota" son criticadas, por ser limitadas o restringidas en sus perspectivas, por aquellos cuyo estilo de vida requiere que usen diferentes "sombreros". Pero un trabajo bien hecho es estimado por Dios, por lo que verdaderamente merece nuestro reconocimiento y respeto.

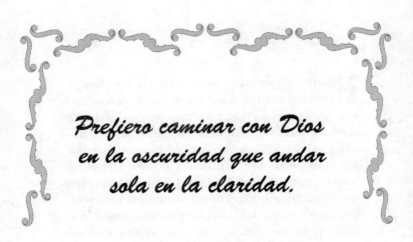

Prefiero caminar con Dios
en la oscuridad que andar
sola en la claridad.

❀ ❀ ❀

Aunque ande en valle de sombra
de muerte, no temeré mal alguno,
porque tú estarás conmigo;
tu vara y tu cayado me
infundirán aliento.

Salmos 23:4

El 11 de febrero de 1861, el presidente electo Lincoln dejó su hogar en Springfield para comenzar su viaje por ferrocarril hacia Washington, donde sería la toma de posesión un mes después. Lincoln tenía el presentimiento de que ésta sería la última vez que vería Springfield. Parado en la plataforma trasera del vagón en que viajaba se despidió de las personas del pueblo. Terminó diciendo: "Hoy los dejo. Voy a asumir una tarea más difícil que la que desempeñó el General Washington. El maravilloso Dios que le guió a él me ayudará a mí. Sin su ayuda fracasaré por seguro; con ella, no puedo fracasar".

Lo mismo se aplica a nosotros, independientemente de las tareas a las que nos enfrentemos. Sin la ayuda de Dios, no podemos lograrlo. Podremos tener las vajillas fregadas, las ropas lavadas, y las camas arregladas... podremos haber hecho nuestro trabajo con o sin incidentes... podremos encontrar lo que necesitamos en el mercado y lograr mantener un horario. Pero sin la ayuda de Dios, nuestras vidas serían un desorden.

¿Le interesa a Dios lo que nos sucede en el día? ¡Por supuesto! Cuando nos agobiamos, cuando hacemos de las pequeñas cosas una montaña, Él nos ayuda a "reponernos". Paso a paso Él nos muestra el camino y nos renueva nuestras fuerzas para seguir.

*Todos nuestros sueños
pueden hacerse realidad,
si tenemos la valentía
de perseguirlos.*

❀ ❀ ❀

Dijo además David a Salomón
su hijo: Anímate y esfuérzate, y
manos a la obra; no temas, ni
desmayes, porque el Señor, mi
Dios, estará contigo; él no te
dejará ni te desamparará, hasta
que acabes toda la obra para el
servicio de la casa del Señor.

1 Crónicas 28:20

os sicólogos de los deportes han identificado seis rasgos recurrentes comunes entre los atletas ganadores de medallas de oro. Estos "rasgos de campeones" se aplican a ambos, hombres y mujeres, y son también factores dominantes en las vidas de aquellos que tienen éxitos vocacionales o atléticos.

1. *Autoanálisis*. El atleta victorioso conoce sus debilidades y fortalezas, y en la evaluación crítica es honesto pero no negativo.

2. *Compite consigo mismo*. Un ganador sabe que sólo puede controlar su propia presentación, por lo que compite contra su mejor esfuerzo, no contra el de otros.

3. *Concentración*. El campeón está siempre "en el presente", se concentra en la tarea inmediata.

4. *Confianza*. Los atletas victoriosos controlan la ansiedad poniéndose metas razonables. Según logran las metas, aumenta su confianza.

5. *Resistencia*. Este es un rasgo mental que implica arriesgarse y tratar de ganar, más bien tratar de no perder. Un ganador ve los cambios como oportunidades y acepta responsabilidades

6. *Tienen un plan de juego*. Hasta los mejores atletas saben que el talento no es suficiente. Ellos tienen un plan de juego.[11]

Todos podemos desarrollar estos rasgos.

Recuerde la banana:
cuando cae del racimo,
se le quita la cáscara.

❀ ❀ ❀

No dejando de congregarnos,
como algunos tienen por
costumbre, sino exhortándonos;
y tanto más, cuanto veis que
aquel día se acerca.

Hebreos 10:25

La próxima vez que visite un bosque tupido, trate de imaginarse qué está sucediendo debajo de sus pies. Ahora los científicos conocen que cuando las raíces de los árboles entran en contacto unas con otras, se segrega una sustancia que estimula el crecimiento de algunos tipos de hongos. Estos ayudan a unir las raíces de diferentes plantas, incluyendo aquellas de especies diferentes. Si una planta tiene acceso al agua, otra a los nutrientes, y una tercera a la luz del sol, los hongos permiten el transporte de estos nutrientes a las plantas que lo necesitan. De esta forma las plantas tienen el concepto de compartir unas con otras para la preservación.

Hoy nuestra cultura aplaude el individualismo. Esto aísla a las personas unas de otras y las separa de la principal corriente de vida. Con más y más personas trabajando en sus hogares o en oficinas cerradas, y con los horarios más atiborrados que nunca con el trabajo y las actividades, es más probable que los sentimientos de soledad aumenten que disminuyan. ¡No permita que el aislamiento la derrote!

Acérquese a otros. Empiece a dar en cuanto pueda. Aprenda a recibir cuando otros le den. Construya una red de *amigos,* no sólo colegas. Y sobre todo, enraícese en un grupo que la nutra espiritualmente, *una iglesia.*

*Las decisiones pueden llevarte
fuera de la voluntad de
Dios pero nunca fuera
de su alcance.*

Si fuéramos infieles,
él permanece fiel; él no
puede negarse a
sí mismo.

2 Timoteo 2:13

Cuando Cathy conoció a Jim en un juego de softball, pensó que él era el hombre para ella, ¡todo lo que ella estaba buscando! Después de varios meses de tratarse, Cathy estaba entusiasmada con Jim como nunca, excepto algo que la molestaba, él encontraba siempre excusas para tomar. "¡Me aumentaron el sueldo!" "¡Mi amigo se casa!" "¡Mi hermana se gradúa de la universidad!"

A pesar de las advertencias de sus amigas y de sus propias dudas, Cathy se casó con Jim. En poco tiempo, sin embargo, se destruyó el matrimonio debido a lo que Jim bebía. Cuando el divorcio finalizó, Cathy se sentía también destruida. Por no hacer caso de las advertencias del Espíritu Santo y los sabios consejos de sus amigas, había cometido uno de los errores mayores que un cristiano puede cometer. "Yo quería seguir mi camino en lugar del de Dios", le dijo Cathy a su pastor. "Yo pensaba que sabía qué era lo mejor para mí".

"Todos pensamos eso algunas veces", le contestó el pastor. "Nosotros olvidamos que el Único que nos creó nos conoce mejor que nosotros mismos. Pero recuerda, Cathy, ¡Él nunca nos abandona! Cuando reconocemos nuestros errores, Él siempre nos perdona y nos da otra oportunidad".

Recuperarnos de las elecciones malas que hemos hecho, nos pueden retorcer el corazón y resultar muy difícil, pero Dios está siempre ahí, listo para sanarnos y darnos una vida completamente nueva.

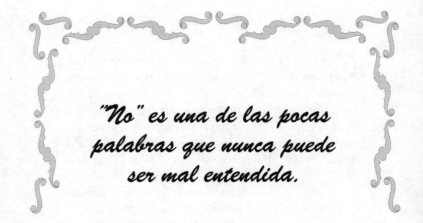

"No" es una de las pocas palabras que nunca puede ser mal entendida.

❀❀❀

Pero sea vuestro hablar: sí, sí; no, no; porque lo que es más de esto, de mal procede.

Mateo 5:37

Mientras están en entrenamiento médico, a los cirujanos se les exhorta a medir la importancia de cada una de las palabras dichas durante las operaciones. Mientras se suministra la anestesia, el paciente puede sentir temor si escucha a alguien decir: "Le voy a inyectar ahora". Hasta una frase como "conecta el monitor" puede ser interpretada por un paciente bajo los efectos de sedantes como "sacude al monstruo". Puede usted imaginar el impacto en un paciente medio mareado si escucha al doctor decir: "¡Hoy no es mi día!"

Las mismas indicaciones dadas por dos médicos diferentes pueden animar o desanimar a un paciente, simplemente por el tono de voz. La voz de un doctor al sugerir una prescripción puede funcionar, mientras que la voz de otro puede dar a entender reservas. Ambas pueden afectar drásticamente el ánimo de un paciente.

Theodore Roosevelt hizo popular una expresión acerca de la necesidad de la comunicación precisa, clara. Él llamó a las palabras con varios significados "palabras equivocadas", usándolas un orador puede evadir cualquier compromiso, basándose en una diferente interpretación de la palabra.

La Biblia también nos dice una y otra vez que recordemos la importancia de nuestras palabras. Que siempre digamos palabras de aliento, de esperanza y fe a aquellos que están a nuestro alrededor.

*Algunas personas se quejan
de que Dios le puso espinas a
las rosas, mientras que otras
lo alaban por haber puesto
rosas entre las espinas.*

Por lo demás, hermanos, todo lo
que es verdadero, todo lo honesto,
todo lo justo, todo lo puro, todo
lo amable, todo lo que es de buen
nombre; si hay virtud alguna,
si algo digno de alabanza,
en esto pensad.

Filipenses 4:8

Un día lluvioso, una mujer oyó a alguien decir: "¡Qué tiempo tan malo!" Miró por la ventana de la oficina y vio a un enorme petirrojo bañándose en un charco. Estaba chapoteando y revoloteando, disfrutándolo de veras. Sin poder evitarlo, pensó, *¿Malo para quién? Todo es un asunto de perspectiva.*

Esta es una lección que Linconl Steffens aprendió desde muy joven. Una vez estaba mirando a un artista pintar un río enlodado. Le dijo que a él no le gustaba el cuadro porque había mucho "lodo". El artista admitió que había pintado lodo, pero lo que él vio en el lodo fueron los bellos colores y contrastes de la luz en lo oscuro.

Steffens más tarde predicó en un sermón: "Lodo o belleza, ¿qué buscamos en nuestro viaje por la vida? Si buscamos lodo y fealdad, lo encontraremos, están ahí. Sólo un artista puede encontrar belleza en un río enlodado, porque eso es lo que él estaba buscando, nosotros encontraremos en el curso de nuestra vida lo que deseemos ver. Buscar lo mejor y ver la belleza es la manera de obtener lo mejor de la vida cada día".

Incluso la Biblia dice que ¡lo que uno vea es lo que obtendrá!

El puente que queme ahora puede ser el que más tarde tenga que cruzar.

❀ ❀ ❀

Si es posible, en cuanto dependa de vosotros, estad en paz con todos los hombres.

Romanos 12:18

En *Learning to Forgive*, Doris Donnelly escribió: "Hace algunos años conocí a una familia muy diestra en el uso de las tijeras. Los amigos de cada miembro de la familia eran constantemente examinados para ver si cumplían los requisitos impuestos por los padres. Un resbalón... resultaba en ostracismo del estrecho círculo de 'amigos". El que no respondiera inmediatamente con profusa gratitud era eliminado de la lista para la próxima vez. Tijereteado.

"Finalmente yo también, fui cortado con tijeras de sus vidas. Nunca supe verdaderamente por qué, pero supe lo suficiente para reconocer que una vez fui tijereteado ya no había esperanzas de poder coserme a sus vidas otra vez.

"El año pasado la madre de la familia murió. El padre y las hijas estaban esperando que se reuniera mucha gente para darle el último adiós, así que pidieron ayuda a la policía para dirigir el tráfico... Se enviaron telegramas... se hicieron llamadas telefónicas... moteles locales fueron alertados... pero al final, sólo el esposo, las hijas, sus esposos y uno o dos nietos fueron al funeral".[12]

El eliminar de nuestras vidas a las personas imperfectas es una prescripción de soledad. ¿Quiénes van a quedar siendo nuestros amigos? ¿Hay alguno que pueda volver a coser a su diseño? ¿Por qué no llamarlos?

Los verdaderos amigos
son aquellos que cuando
uno haya hecho una ridiculez,
no piensan que uno
es un ridículo.

El amor... todo lo sufre, todo
lo cree, todo lo espera, todo lo
soporta. El amor nunca deja
de ser; pero las profecías
se acabarán, y cesarán
las lenguas,
y la ciencia acabará.

1 Corintios 13:7,8

Napoleón fue a la escuela en Brienne con un joven llamado Demasis que lo admiraba mucho. Después que Napoleón calmó la multitud en París y sirvió en Toulon, su autoridad fue suspendida y se quedó sin dinero. Raras veces pensamos en Napoleón luchando contra malos tiempos. Sin embargo, pensaba hasta en suicidarse, caminó hacia un puente para tirarse al agua. En el camino se encontró a su viejo amigo Demasis, quien le preguntó qué le atormentaba.

Napoleón le contó sin rodeos que estaba sin dinero, su madre estaba pasando necesidades y él estaba desesperado porque su situación no cambiaría jamás. "Oh, si eso es todo", dijo Demasis, "toma, esto suplirá tus necesidades". Puso una bolsa de oro en sus manos y se marchó. Normalmente a Napoleón nunca le habían dado limosna, pero aquella noche sí, y sus esperanzas fueron renovadas.

Cuando Napoleón tomó el poder, buscó por dondequiera para agradecer y promover a su amigo... pero nunca lo encontró. Se rumoró que Demasis vivía y servía en una de las tropas del propio Napoleón, pero nunca reveló su verdadera identidad; más bien estaba contento de servir calladamente apoyando al líder que admiraba.

Algunas veces nuestras simples palabras o nuestros actos hacen la diferencia en el mundo a alguien que no sabe dónde devolverlo.

La mayoría de las personas
desean servir a Dios,
pero sólo como asesores.

Humilláos, pues, bajo la poderosa
mano de Dios, para que él os
exalte cuando fuere tiempo.

1 Pedro 5:6

Por semanas, Susie, de ocho años, ha estado esperando por ir a pescar un sábado con su papá. Pero cuando al fin llegó el día, llovía torrencialmente.

Susie se paseó por la casa toda la mañana, quejándose mientras se asomaba por las ventanas: "Parece como si el Señor no supiera que hubiera sido mejor que lloviera ayer que hoy". Su padre trató de explicarle cuán importante es la lluvia para los agricultores y para los jardineros. Pero Susie sólo respondía: "No es justo".

Alrededor de las tres de la tarde, la lluvia cesó. Todavía había tiempo de pescar, por lo que padre e hija rápidamente cargaron su equipo y se dirigieron al lago. Debido a la tormenta, los peces estaban picando. En dos horas, regresaron con una cuerda llena de pescados.

A la hora de la "cena de pescados" le pidieron a Susie que diera gracias. Ella concluyó su oración diciendo: "Y, Señor, si estaba gruñona esta mañana fue porque no pude ver más lejos".[19]

Cuando buscamos el consejo de Dios en nuestras vidas, es importante darnos cuenta de que ¡sólo Él puede ver qué va a suceder!

*La conciencia es el sistema
de alerta incorporado
de Dios. Alégrate cuando
te lastime. Preocúpate
cuando no lo haga.*

❁ ❁ ❁

Y por esto procuro tener siempre
una conciencia sin ofensa ante
Dios y ante los hombres.

Hechos 24:16

Kelly se sorprendió de encontrar el secador de pelo metido en una esquina de una maleta vieja. Por años había usado la maleta para guardar pedazos de telas de sus proyectos de costura. Ahora, mientras unía unas piezas para una manta, lo había descubierto. *¿De dónde salió esto?* Se preguntó.

Después de varios días tratando de recordar, se acordó que lo había usado mientras visitaba a unos amigos hacía casi diez años. Ella había hecho varias visitas a la familia y aparentemente había puesto el secador prestado en su maleta sin darse cuenta. Para complicar el asunto, la familia le había preguntado por su paradero, y ella les había dicho que ¡no tenía ni idea!

Apenada, pensó, *¿Cómo le voy a decir a mis amigos después de todos estos años que yo lo tenía?* Pero su conciencia no la dejaba en paz. Finalmente mandó el secador a la familia con una disculpa y una explicación. Se rieron muchísimo y rápidamente la perdonaron.

Una conciencia saludable es uno de nuestros grandes regalos de Dios. Sirve para mantener el rumbo de nuestra vida y así mantener la paz en nuestro corazón.

*¡Si no se mantiene firme
en algo caerá por
cualquier cosa!*

Porque habéis sido comprados
por precio; glorificad, pues,
a Dios en vuestro cuerpo y en
vuestro espíritu, los cuales
son de Dios.

1 Corintios 6:20

Una vendedora pasaba por una esquina todos los días en el camino a su trabajo. Por más de una semana observó a una pequeña tratando de vender un perrito de orejas grandes. La vendedora finalmente le dijo: "Querida, si realmente quieres vender este perro, te sugiero que lo bañes, le cepilles el pelo, le aumentes el precio y hagas a la gente pensar que están comprando algo valioso". Al mediodía, la vendedora notó que la niña había escuchado su consejo. El perrito estaba arregladito y sentado bajo un enorme cartel que decía: "TREMENDO Perrito en Venta - $5,000".

La vendedora sonrió, tragó y decidió decirle más tarde a la niña que le había puesto un precio muy alto al perrito. Para su sorpresa, en el camino a su casa vio que el perrito ¡se había vendido! Pasmada, la mujer buscó a la pequeña para preguntarle si realmente había vendido el perrito en $5,000.

La niña contestó: "Claro que lo hice, y quiero agradecerle por su ayuda". La vendedora tartamudeó: "¿Cómo lo hiciste?" La niña dijo: "¡Fue fácil, lo cambié por dos gatos de $2,500 cada uno!"

Hace dos mil años hubo otro gran cambio. En una cruz en las afueras de Jerusalén, Jesucristo dio su vida a cambio por nosotros. ¿Qué valor vio Él en nosotros? Nosotros somos su preciada creación, robada por un tiempo por nuestra propia voluntad, pero ahora vuelta a comprar para su amada posesión.

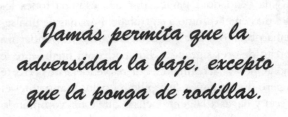

Jamás permita que la adversidad la baje, excepto que la ponga de rodillas.

❀ ❀ ❀

Por lo cual estoy seguro de que ni la muerte, ni la vida, ni ángeles, ni principados, ni potestades, ni lo presente, ni lo por venir, ni lo alto, ni lo profundo, ni ninguna cosa creada nos podrá separar del amor de Dios, que es en Cristo Jesús Señor nuestro".

Romanos 8:38,39

Muchas personas ven las abundantes lluvias de la primavera como grandes bendiciones para los agricultores, especialmente si las lluvias llegan después que las semillas han germinado y han crecido algunas pulgadas. De lo que no se dan cuenta es que la mínima sequía puede tener un efecto devastador en una cosecha aunque haya recibido mucha lluvia.

¿Por qué? Porque durante las lluvias, las plantas jóvenes no necesitan enterrar sus raíces muy profundo en el suelo para buscar agua. Si más tarde viene una sequía, las plantas de raíces superficiales rápidamente se secarán.

Con frecuencia, nosotros recibimos abundancia en nuestras vidas, precioso compañerismo, buena enseñanza, total "inundación" de bendiciones espirituales. Pero, cuando la tensión o las tragedias llegan a nuestras vidas, pensamos que Dios nos ha abandonado o es injusto. La realidad es que hemos permitido a las "facilidades" de nuestras vidas que nos impidan enraizar nuestras raíces espirituales más profundamente. Hemos dejado que otros nos den la comida en lugar de desarrollar nuestra propia relación con Dios a través de la oración y el estudio de su Palabra.

Sólo las raíces profundas sobrevivirán los tiempos difíciles sin marchitarse. El mejor consejo es disfrutar la "lluvia" mientras buscamos crecer cada vez más cerca de Él.

*La mejor distancia entre
la esperanza y la desesperación
es una noche de buen sueño.*

Por demás es que os levantéis de
madrugada, y vayáis tarde a
reposar, y que comáis pan de
dolores; pues que a su amado
dará Dios el sueño.

Salmos 127:2

Investigadores médicos han llegado a lo que ellos llaman una conclusión con sentido común: uno de los ingredientes perdidos en la salud pudiera ser la vitamina Zzzzzzz".

A unos participantes en un estudio les fueron quitadas cuatro horas de sueño por cuatro noches consecutivas, cuando les calcularon la actividad natural de defensa de las células, su sistema inmune había disminuido un promedio de 30%. Tal descenso puede aumentar la susceptibilidad de las personas a contraer catarros, virus y quizás otras enfermedades serias. El investigador para asuntos del sueño, Michael Irvin, M.D., dice: "Muchas personas sólo necesitan regular la cantidad de sueño para que esas células naturales de defensa se aceleren otra vez".

Aunque un régimen constante de suficiente sueño no previene del todo las enfermedades, puede mejorar el sistema de defensa del cuerpo y ayudar a combatir las enfermedades de una manera más eficaz.

El sueño es el recurso más barato para la salud que una persona puede "tener". El sueño es el medio que Dios utiliza para la restauración de la salud, igual que para proporcionar descanso a la mente. Muchos han informado que han tenido una nueva perspectiva o un cambio de ánimo después de una buena noche de sueño.

Pídale a Dios que renueve sus fuerzas mientras duerme esta noche... después acuéstese a su hora, así ¡Él puede concederle lo que le pidió!

*Es bueno recordar que la
tetera, aunque esté hasta
el cuello de agua caliente,
sigue silbando.*

❁ ❁ ❁

Estad siempre gozosos. Orad
sin cesar. Dad gracias en todo,
porque esta es la voluntad de
Dios para con vosotros
en Cristo Jesús.

1 Tesalonicenses 5:16,18

Bernard Gilpin fue acusado de herejía ante el obispo Bonner, y muy pronto fue enviado a Londres para el juicio. La canción favorita de Gilpin era "Todas las cosas son para mejor". Se fue en el viaje con esa actitud, pero por el camino se cayó del caballo y se fracturó una pierna.

"¿Es todo para lo mejor ahora?", dijo un desdeñoso, burlándose de Gilpin por su optimismo. "Todavía lo creo", contestó.

Él se puso bien. Durante el tiempo de convalecencia y antes de poder continuar el viaje, la reina Mary murió. Por consecuencia, el caso en su contra se derogó. En vez de ser quemado en la hoguera, Gilpin volvió a casa triunfante.

Nosotros tenemos la tendencia de ver todos los accidentes y enfermedades como desgracias causadas por el enemigo de nuestras almas. No siempre es el caso. En lugar de gastar nuestras energías protestando contra los malos tiempos, quizás debiéramos dirigir nuestro esfuerzo a alabar al Único que promete poner todas las cosas juntas para el *bien* de aquellos que de acuerdo a sus propósitos son llamados. (Véase Romanos 8:28.) ¡Dios tiene muchos métodos y medios para cumplir su plan!

¡Es bueno ser un cristiano y
saberlo, pero es mejor ser
un cristiano y demostrarlo!

En esto conocerán todos que
sois mis discípulos, si tubiereis
amor los unos con los otros.

Juan 13:35

Antes que los colonialistas impusieran las fronteras nacionales, los reyes de Laos y Vietnam ya habían llegado a un acuerdo acerca de quiénes eran laosianos y quiénes eran vietnamitas. Aquellos que comían arroz de grano corto, construían sus casas sobre pilotes y las decoraban con serpientes al estilo indio eran considerados laosianos. Los que comían arroz de grano largo, construían sus casas en la tierra y las decoraban con dragones al estilo chino eran los vietnamitas. Los reyes tachaban a la persona de acuerdo a esto y las "fronteras" significaban poco.

Los reyes sabían que no era la localización exacta del hogar de una persona lo que determinaba su cultura o lealtad. Si no que cada persona perteneciera a su reino para que pudiera compartir los valores.

Así es con los cristianos. Independientemente de nuestra cultura o nacionalidad, pertenecemos al reino de Dios. Vivimos de acuerdo a los valores, normas y mandamientos que Él ha establecido. Cuando oramos, "Venga tu reino, hágase tu voluntad", estamos pidiendo que la ley divina de amor se establezca en nuestra vida aquí en la tierra. Nosotros somos su pueblo, independientemente de nuestra dirección.

Las penas miran atrás.
Las preocupaciones echan
una mirada alrededor.
La fe levanta los ojos.

Puestos los ojos en Jesús, el autor
y consumador de la fe, el cual por
el gozo puesto delante de él sufrió
la cruz, menospreciando el
oprobio, y se sentó a la
diestra del trono de Dios.

Hebreos 12:2

◆ Puede el Señor hablar a través de una canción popular? Fontella Bass cree que sí. Ella estaba en la decadencia de su vida durante 1990. Hacía 25 años que su disco de ritmos y blues había alcanzado el número uno en popularidad. Ella no tenía una carrera, ni tenía dinero y estaba cansada y con frío. El único calor que tenía en su casa era la estufa de gas. Además, se había desviado de la iglesia donde empezó a cantar canciones cristianas cuando niña.

Fontella dijo: "Hice una larga oración. Dije: 'necesito ver una señal para continuar'". ¡En cuanto oró escuchó su canción "Rescátame", en un comercial de televisión! Para ella, esto fue como si "¡el Señor hubiera entrado en su mundo!"

Fontella sabía que American Express había usado su canción como parte de un comercial y los oficiales no habían sido capaces de localizarla para pagarle sus derechos de autor. No sólo le pagaron sus derechos, sino empezaron a abrirse nuevas oportunidades para ella.

Estrenó un álbum titulado "No Ways Tired", pero las mejores noticias son que ella renovó su relación con Dios. "Por muchos años traté de hacerlo todo por mí misma, y eso no funciona", dijo. "Después lo solté de mis manos y lo puse en sus manos, y ahora todo está cambiando".[13]

A veces estamos tan ocupados
sumando nuestros
problemas que olvidamos
contar nuestras bendiciones.

Me acordaré de las obras del
Señor; sí, haré yo memoria de
tus maravillas antiguas.
Meditaré en todas tus obras,
y hablaré de tus hechos.

Salmos 77:11,12

En algunas partes de México, se pueden encontrar manantiales fríos y calientes unos al lado de otros. Debido a este fenómeno natural, las mujeres del lugar tienen la conveniencia de hervir sus ropas en los manantiales calientes, después las enjuagan en los manantiales fríos adyacentes. Hace varios años, un turista que observaba el procedimiento le dijo al guía: "Me imagino que ellos piensan que la Madre Naturaleza es muy generosa con proveerles aguas tan abundantes, limpias, frías y calientes unas al lado de otras para que las usen libremente".

El guía respondió: "Bien, realmente, no. Hay muchas quejas porque ¡la Madre Naturaleza no provee el jabón! Y no sólo eso, sino que el rumor ha empezado a filtrarse de que hay máquinas que hacen este trabajo en otras partes del mundo".

Muy a menudo comparamos nuestras vidas con otras; qué tienen otros que nosotros no tenemos y qué ellos son que nosotros no somos. Tal comparación nos deja invariablemente excluidos, rechazados y engañados. Si no somos cuidadosos en ponerle freno a esas emociones negativas, nos volvemos innecesariamente más amargados.

¡Cuente sus bendiciones hoy! Si tiene una lavadora, empiece por eso.

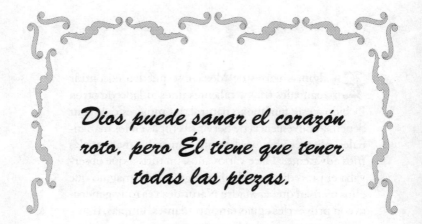

Dios puede sanar el corazón roto, pero Él tiene que tener todas las piezas.

❀ ❀ ❀

Dame, hijo mío, tu corazón,
y miren tus ojos por
mi camino.

Proverbios 23:26

Muchos objetos de belleza empiezan como "pedazos y piezas", nuestras vidas no son muy diferentes, las que a menudo parecen rompecabezas con una multitud de piezas desparramadas.

O los pedazos de materiales del artista.

O un cristal de una ventana manchado.

O un piso de mosaicos.

Las tragedias y dolores pueden golpear a cualquier persona, y necesitamos permitirle al Maestro Artesano que las vuelva a juntar de acuerdo a su diseño, en lugar de tratar de encontrar todas las piezas y pegarlas nosotros mismos sin Él.

En *The Dark Night of the Soul,* Georgia Harkness escribió: "La fe cristiana imparte significado a la vida. Una fe viva centrada en Dios como la que manifestó Cristo toma nuestro ser caótico, desorganizado, con su montón de placeres y dolores y los junta en estabilidad y alegría para que podamos soportar cualquier cosa con el Señor".[14]

Confíe en Dios hoy para que convierta su quebranto en algo bello y valioso.

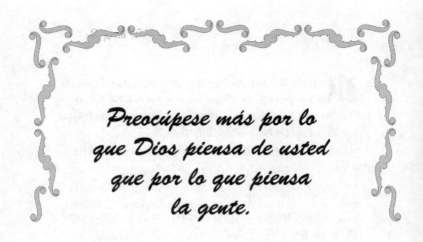

*Preocúpese más por lo
que Dios piensa de usted
que por lo que piensa
la gente.*

**Mas buscad primeramente
el reino de Dios y su justicia,
y todas las cosas os serán
añadidas.**

Mateo 6:33

La esposa de un pastor se asombró cuando escuchó a una persona decir, "Una hora es sólo el 4% del día". Ella no había pensado en el tiempo de esta forma. Sintiendo la necesidad de dedicar más tiempo para orar, pensó que seguramente ella podría darle a Dios al menos el 4% de su tiempo. Decidió tratar.

Prefirió tratar de ajustar la oración a su horario, decidió "fijar" la hora de la oración, y después "ajustar"el resto del día. En ese tiempo los niños eran lo suficientemente grandes para ir solos a la escuela. Cada mañana a las 8:30, la quietud caía sobre su hogar. Ella sabía que la mejor hora para orar sería entre las 8:30 y las 9:30. Para garantizar no ser interrumpida, dejó saber en la iglesia que, excepto para emergencias, estaría muy agradecida si las personas no la llamaban hasta después de las 9:30 de la mañana.

Para su sorpresa, nadie en la iglesia se ofendió. En su lugar respondieron positivamente. Varias mujeres empezaron a seguir su ejemplo, ¡separaron la misma hora para orar cada día!

Cuando buscamos *primero* el plan de Dios, todos nuestros planes con otras personas de alguna manera caerán en su lugar.

*La mejor manera de decir
la última palabra
es disculpándose.*

❈ ❈ ❈

Te has enlazado con las palabras
de tu boca, y has quedado preso en
los dichos de tus labios. Haz esto
ahora, hijo mío, y libérate, ya que
has caído en la mano de tu
prójimo; ve, humíllate, y asegúrate
de tu amigo.

Proverbios 6:2,3

En 1755 un coronel de 23 años estaba en plena campaña política por una silla en la asamblea de Virginia cuando hizo un comentario insultante en su oratoria. El comentario fue dirigido a un hombre de mal temperamento llamado Payne, quien respondió atropellando al coronel con un palo de nogal. Los soldados acudieron a socorrer al coronel, parecía como si una verdadera pelea se hubiera originado. Pero el supuesto político se levantó, se sacudió el polvo, llamó a los soldados y abandonó la escena.

La mañana siguiente el coronel le escribió a Payne, solicitando su presencia en una taberna local. Payne complacido, pero preguntándose qué motivos y reclamos podría hacer el coronel —quizás una disculpa o hasta un duelo. Para su sorpresa, el coronel se disculpó, le pidió perdón por sus comentarios despectivos y le ofreció un apretón de manos.

La jugada puede haberse visto como políticamente conveniente, pero el coronel George Washington personalmente lo consideró imperativo, así disfrutaría de paz interior mientras continuaba con su campaña.

Cuando consideremos que es necesario que nos pidan perdón... puede ser el momento en que tenemos que perdonar.

**¡Olvide usted por otros
y otros no le olvidarán!**

❀ ❀ ❀

Así que, todas las cosas que
queráis que los hombres hagan
con vosotros, así también haced
vosotros con ellos; porque ésta
es la ley y los profetas.

Mateo 7:12

Millie era una adulta retrasada mental que vivía con su mamá en un pequeño pueblecito. Allí era conocida por su proverbial "buena mano" como jardinera. Césped, setos y macetas de flores florecían bajo su amorosa atención. Millie también trabajaba "voluntaria" cortando céspedes, rastrillando las hojas y sembrando flores en espacios vacíos a través del pueblo. Era conocida por su "lata de aceite". Ella siempre llevaba una pequeña lata de aceite lubricante en el bolsillo de atrás y le ponía una dosis de aceite a cualquier puerta chirriante, bisagra o portón que encontrara.

Los domingos, Millie iba a la iglesia con su madre. Cuando la molestaban siempre respondía con buen humor y calmadamente.

Cuando Millie murió, todos en el pueblo fueron al funeral. Montones vinieron de lejos, incluyendo a muchos que alguna vez la molestaron.

Sin intentarlo conscientemente, Millie ejemplificó a una buena ciudadana. Trabajaba arduamente, era optimista, alivió tensiones y fue un miembro fiel de la iglesia. Verdaderamente otros notan las pequeñas cosas que hacemos por ellos con amor y bondad.

*El secreto del contentamiento
está en darse cuenta de que
la vida es un regalo no
un derecho.*

Pero gran ganancia es la piedad
acompañada de contentamiento;
porque nada hemos traído a
este mundo, y sin duda nada
podremos sacar.

1 Timoteo 6:6,7

La antigua columnista, perteneciente a una agencia periodística nacional y ahora autora, Anna Quindle, parecía haber disfrutado del éxito en todo lo que había intentado. Pero cuando otro comentarista se dio a la tarea de sacar a la luz sus problemas de adolescente, Anna recordó sus dos intentos de suicidio cuando sólo tenía 16 años. Ella escribió: "Estaba en la escuela secundaria. Tenía que ser siempre perfecta en todos los sentidos, desde cómo lucía hasta cómo eran mis notas. Era mucha la presión".

A principios de la década de 1970, la madre de Anna murió de cáncer en los ovarios. Esta tragedia curó a Anna del deseo de cometer suicidio. Su actitud hacia la vida cambió. "Nunca podría ver la vida como algo que no fuera un gran regalo. Me di cuenta de que no tenía ningún derecho para darlo por sentado".[16]

Sólo reconocemos la vida como "temporal" cuando verdaderamente luchamos contra algo importante. Cuando enfrentamos nuestra propia inmortalidad, enseguida enfocamos nuestras prioridades.

Considere su vida como el regalo de Dios para usted. Cada momento es precioso, así que disfrútelo. Haciéndolo, usted encontrará que cada día tiene su propósito y su significado.

*Aquellos que dan alegría
a la vida de otros no pueden
ocultarla en ellos mismos.*

No os engañéis; Dios no puede
ser burlado: pues todo lo
que el hombre sembrare,
eso también segará.

Gálatas 6:7

Había una mujer de la nobleza, muy rica, que había crecido cansada de la vida. Tenía todo lo que una persona pueda desear excepto felicidad y alegría. Ella dijo: "Estoy aburrida de la vida. Me voy a ir al río y voy a acabar con ella".

Mientras caminaba sola, sintió una pequeña mano tirando de su falda. Miró hacia abajo y vio a un niño pequeño, frágil y aparentemente hambriento que le imploraba: "Nosotros somos seis. ¡Nos estamos muriendo de hambre!" La mujer pensó, ¿por qué no aliviar a esta desdichada familia? Tengo los medios y mis riquezas ya no van a tener más uso cuando yo me muera.

Siguió al pequeño y entró a aquella escena de miseria, enfermedad y necesidad. Ella abrió la cartera y vació su contenido. Los miembros de la familia estaban a su lado con alegría y gratitud. Identificándose aun más con sus necesidades, la rica mujer dijo: "¡Yo vuelvo mañana, y voy a compartir con ustedes más cosas buenas que Dios me ha dado abundantemente!"

Dejó aquel cuadro de necesidad y desdicha contenta de que el niño la hubiera encontrado. Por primera vez en su vida comprendió la razón de su riqueza. Jamás volvió a pensar en acabar con su vida, porque no tenía sentido ni propósito.

Son las pequeñas cosas
de la vida las que
determinan las grandes.

Y su señor le dijo: Bien, buen
siervo y fiel, sobre poco has sido
fiel, sobre mucho te pondré;
entra en el gozo de tu señor.

Mateo 25:21

ablándoles a un grupo de ministros, Fred Craddock notó la importancia de ser fiel en las pequeñas cosas de la vida. Dijo: "Dar mi vida por Cristo parece glorioso. Defender a otros... pagar el precio máximo del martirio; yo lo hago. Señor, estoy listo a desaparecer con resplandor de gloria.

"Nosotros pensamos que dar todo nuestro ser al Señor es como tomar un billete de $1,000 y ponerlo sobre la mesa... 'Aquí está mi vida, Señor. Te la entrego toda'

"Pero la realidad para la mayoría de nosotros es que Él nos manda al banco a cambiar los $1,000 en monedas. Vamos por la vida echando 25 centavos aquí y 50 allá. Escuchando los problemas de los hijos de los vecinos en vez de decir: 'está perdido'. Asistir a una reunión de alguna comisión. Dar un vaso de agua a un anciano tembloroso en un asilo.

"Generalmente darle nuestra vida a Cristo no es glorioso. Está basado en todos esos pequeños actos de amor, 25 centavos cada vez. Sería muy fácil desaparecer en un destello de gloria; es más difícil vivir la vida cristiana poco a poco a través de un recorrido".[16]

Pídale al Señor que le muestre cómo puede emplear su vida mejor.

Alegría no es que nos den lo que queremos sino estar satisfechas con lo que tenemos.

No lo digo porque tenga escasez, pues he aprendido a contentarme, cualquiera que sea mi situación.

Filipenses 4:11

En cuestión de segundos, la vida de Vickie se hizo pedazos. Artista de trapecio, un día perdió el control en la barra y cayó de cabeza sobre la red. Se fracturó el cuello entre la quinta y sexta vértebra cervical y se quedó paralítica, cuadripléjica.

Tres años después del accidente, cayó en una tremenda desesperación y se compadecía de sí misma; estaba decidida a quitarse la vida. Su intento fracasó y fue a parar a un hospital psiquiátrico. Cuando se cumplieron cuatro años de su caída, ella y su esposo se separaron. Llegó la amargura.

Un día le asignaron una asistente que la ayudara en su casa, era una mujer cristiana. Mae Lynne llevó a Vickie a Jesucristo y le enseñó la Biblia. Vickie empezó a aprender a "mantenerse firme" en la fe y a "caminar" en obediencia a Dios.

Un ministro fielmente le enseñó por dos años. Después Vickie empezó a ministrar para animar a otros, escribía docenas de cartas cada semana a prisioneros y a otros incapacitados. Ella ahora dice: "¿No se supone que los cuadripléjicos tengan tanto gozo?"[18]

Vickie todavía usa una silla de ruedas, a veces se marea, tiene problemas respiratorios ocasionalmente y necesita el cuidado de una asistente. Sin embargo, tiene fortaleza interior por su relación con Jesús. Ahora otros la describen como "una fuente de sonrisas".

¡Dios más uno siempre es la mayoría!

❋ ❋ ❋

¿Qué, pues, diremos a esto? Si Dios es por nosotros, ¿quién contra nosotros?

Romanos 8:31

El Cardenal von Faulhaber de Munich una vez tuvo una conversación con el famoso físico Albert Einstein.

"Cardenal von Faulhaber", le dijo Einstein, "yo respeto la religión, pero creo en las matemáticas. Probablemente es lo contrario a usted".

"Estás equivocado", replicó el Cardenal. "Para mí, las dos son meras expresiones de la misma divina exactitud".

"Pero, su Eminencia, qué usted diría si las ciencias matemáticas llegaran un día a conclusiones directamente contradictorias a las creencias religiosas?"

"Oh", respondió el Cardenal con naturalidad, "siento el máximo respeto por los competentes matemáticos. Estoy seguro de que no van a descansar hasta que descubran su error".

Independiente de cuán ardientemente algunas personas traten de disimularlo, ¡la verdad de Dios siempre prevalecerá!

Cualquiera que chismee
con usted chismorreará
de usted.

❀ ❀ ❀

El que anda en chismes descubre
el secreto; más el de espíritu
fiel lo guarda todo.

Proverbios 11:13

$\mathcal{L}$aura Ingalls Wilder escribió en *Little House in the Ozarks:* "Yo conozco a un pequeño grupo de amigas que se autodenominan el club de las mujeres. El propósito de este club es estudiar, pero hay una corriente más profunda, en las cosas más reales que la cultura y el autodesarrollo. No hay obligación, ni promesas, pero para formar parte del club y elegir a los nuevos miembros, se seleccionan sólo las que tienen un corazón bondadoso y fiable así como las que cuentan con cierto grado de inteligencia y una pequeña cantidad de ese genio que es la capacidad de trabajar con cuidado. En resumen, aquellas que han sido admitidas en el club son las que harán buena amistad, por eso son un grupo pequeño que es una para todas y todas para una...

"Tienen la costumbre de decir palabras agradables que yo espero que den lugar a los Chismes Dorados".

"¿Ha oído alguien un chisme dorado? Leí sobre eso hace años. Una mujer que siempre estaba hablando de sus amigas y vecinas, lo convirtió en su *negocio,* en realidad, nunca dijo nada que no fuera *bueno* de ellas. Era una chismosa, pero eran 'chismes dorados'. Este club de mujeres parece funcionar de la misma forma".[18]

¿A quién no le gustaría pertenecer a este club?

*Jesús es el amigo que
conoce todas sus faltas y,
aún así, le ama.*

❀ ❀ ❀

Más Dios muestra su amor
para con nosotros, en que siendo
aún pecadores, Cristo murió
por nosotros.

Romanos 5:8

En un momento crucial de la vida, una mujer cristiana clamó al Señor, desesperada por la falta de fuerza y fructificación espiritual que estaba experimentando en su vida. De repente sintió a Jesús parado a su lado, preguntándole: "¿Me permites las llaves de tu vida?"

La experiencia fue tan real, que la mujer buscó en su bolsillo y sacó un mazo de llaves. "¿Están todas las llaves aquí?", preguntó el Señor.

"Sí, excepto la llave de un pequeño espacio de mi vida".

"Si no me puedes confiar todos los espacios de tu vida, no puedo aceptar ninguno".

La mujer estaba tan agobiada con la idea de que el Señor se fuera del todo de su vida, que clamó: "¡Señor... toma las llaves de todos los espacios de mi vida!"

Muchas de nosotras tenemos espacios que esperamos que nadie vea jamás. Intentamos limpiarlos algún día, pero parece que ese "algún día" nunca va a llegar. Cuando invitamos a Jesús a esos espacios, Él nos ayuda a limpiarlos. Con Él, tenemos el valor de botar toda la "basura", y llenarlos con su amor, paz y gozo.

Toda persona debe tener un lote especial en el cementerio donde enterrar las faltas de los amigos y familiares.

Antes sed benignos unos con otros, misericordiosos, perdonándonos unos a otros, como Dios también os perdonó a vosotros en Cristo.

Efesios 4:32

Una vez un ministro muy querido llevó en secreto, enterrado por mucho tiempo en lo profundo de su corazón, el peso de un pecado. Él había cometido ese pecado hacía muchos años durante su entrenamiento en el Seminario. Nadie sabía lo que había hecho, pero él sabía que estaba arrepentido. Aun así, había sufrido remordimientos por años, sin idea del perdón de Dios.

Una mujer en su iglesia amaba al Señor profundamente y afirmaba que tenía visiones en las que Jesús le hablaba. El ministro, escéptico de sus afirmaciones, le pidió: "La próxima vez que hable con el Señor, podría preguntarle cuál fue el pecado que su ministro cometió mientras estaba en el Seminario". La mujer asintió.

Cuándo volvió a la iglesia unos días después el ministro le preguntó: "¿Le visitó?" Ella contestó: "Sí".

"¿Y le preguntó qué pecado cometí en el Seminario?"

"Sí", respondió.

"Bien, ¿qué le dijo?"

"Dijo, 'no me acuerdo'".

*Un minuto de reflexión
vale más que una hora
de plática.*

❀ ❀ ❀

Pon guarda a mi boca,
oh Señor; guarda la puerta
de mis labios.

Salmo 141:3

Un cardiólogo estaba asombrado de la gran mejoría que tenía una de sus pacientes. Cuando él vio a la mujer hacía algunos meses, estaba seriamente enferma en el hospital, con máscara de oxígeno. Él le preguntó a la mujer qué le pasaba.

Ella decía: "Estoy segura de que el final está cerca y usted y su equipo han perdido las esperanzas. Sin embargo, el jueves por la mañana cuando usted entró con su tropa, algo pasó que lo cambió todo. Cuando usted auscultó mi corazón, parecía complacido con lo que me encontró, y anunció a todos los que estaban alrededor de mi cama que yo tenía un 'sonido saludable'. Yo sabía que los doctores, *al decírmelo,* tratarían de suavizar las cosas. Pero yo sabía que ellos no bromearían *unos con otros*. Por eso cuando le escuché decir a sus colegas que yo tenía un sonido saludable, me imaginé que todavía tenía muchísimo movimiento en mi corazón y que no me iba a morir. Por primera vez mi ánimo se levantó, y supe que me iba a recuperar y que iba a vivir".

¡El cardiólogo nunca le dijo a la mujer que el tercer sonido es la peor señal que denota que el músculo del corazón está cansado y generalmente falla!

Unas pocas palabras pueden ser suficientes para hacer la diferencia en la vida de una persona. ¡Qué importante es escoger nuestras palabras sabiamente!

Se puede ganar más
amigos escuchando
que hablando.

❀ ❀ ❀

Por esto, mis amados hermanos,
todo hombre sea pronto para
oír, tardo para hablar, tardo
para airarse.

Santiago 1:19

Dale Carnegie, autor de *How To Win Friends and Influence People*, es considerado uno de los mayores "ganadores de amigos" del siglo. Recalcó: "Uno puede hacer más amigos en dos meses interesándose en otras personas que lo que pudiera en dos años tratando de que otros se interesen en uno".

Para ilustrarlo, Carnegie diría cómo los perros han aprendido el arte de hacer amigos mejor que la mayoría de las personas. Cuando uno está a diez pies de un perro cariñoso, empieza a mover la cola, una señal visible de que a él le agrada y disfruta su presencia. Si usted se toma un tiempo para acariciarlo, se va a mover, le va a lamer, y a brincarle encima para demostrarle cuánto le aprecia. ¡El perro se ha convertido en el mejor amigo del hombre por estar genuinamente interesado en las personas!

Una de las primeras formas en las cuales mostramos nuestro interés por otros es escuchándolos, preguntando, escuchando atentamente sus respuestas, y haciendo más preguntas basadas en lo que están diciendo. La persona que se siente "escuchada" es probable que busque otra vez a ese amigo que le escucha y que cuente con esa persona como un buen amigo.

¿Necesita una amiga? Empiece a escuchar de corazón.

*Lo que cuenta no es cuando
se mira alrededor sino cuando
se mira hacia arriba.*

Puestos los ojos en Jesús, el autor
y consumador de la fe, el cual por
el gozo puesto delante de él sufrió
la cruz, menospreciando el
oprobio, y se sentó a la
diestra del trono de Dios.

Hebreos 12:2

La historia de Helen Keller es muy conocida. Una enfermedad en su niñez la dejó ciega y sorda, su maestra, Anne Sullivan, la abrió al mundo a través de otros sentidos, el tacto, el gusto, el olfato. En su autobiografía, Helen Keller escribió:

"El destino –callado, despiadado– cortó el camino. Forzada le preguntaría él porqué de su imperioso decreto; es mi corazón indisciplinado y apasionado, pero mi lengua no pronunciará las palabras amargas, vanas que vienen a mis labios y regresan a mi corazón como lágrimas no derramadas. Un silencio inmenso pesa sobre mi alma. Entonces viene la esperanza con una sonrisa y el murmullo, 'Hay gozo cuando uno mismo olvida.' Por eso trato de hacer de la luz de los ojos de otras personas mi sol, de la música en los oídos de otros mi sinfonía, de la sonrisa en los labios de los demás mi felicidad".

Qué triste es cuando buscamos sólo dentro de nosotros mismos la razón para ser feliz, porque la felicidad de los que nos rodean es razón suficiente para tener alegría, independientemente de nuestra situación o impedimento. Y si los pobres o los incapacitados pueden tener gozo, ¿cómo nos va a golpear la depresión?

Si miramos a Jesús, todo estará bien en nosotros... dentro y fuera.

No es difícil hacer una
montaña de una topera.
Sólo añádale un poquito
de tierra.

El que comienza la discordia
es como el que suelta las aguas;
deja, pues, la contienda, antes
que se enrede.

Proverbios 17:14

Susan estaba profundamente decepcionada porque sentía falta de intimidad emocional en su matrimonio. Empezó a lanzar indirectas a su esposo. Él, por supuesto, reaccionó con un defensivo enojo. A través del tiempo su enojo aumentó, intercambiaban amenazas y el divorcio vino a formar parte de sus enfrentamientos. Finalmente el esposo de Susan se mudó y ella planteó el divorcio.

Los procedimientos del divorcio fueron amargos. Pelearon todo el tiempo. Cuando se encontraron para firmar los papeles finales, se pararon para mirarse uno al otro y Susan vio en sus ojos los mismos sentimientos que ella estaba experimentando, sentimientos de nostalgia e incluso de resignación. Ella pensó: *No quiero divorciarme de él, y no creo que él se quiera divorciar de mí*.

Ella le dijo lo que pensaba a su esposo, y por un momento parecía que él se había ablandado y admitiría que a él también todavía le importaba. Pero después, con voz triste y monótona, él dijo: "Hemos llevado esto hasta aquí, supongo que ahora lo terminaremos". Susan salió del juzgado dándose cuenta de que ella nunca había querido divorciarse. Ella sólo quería que su esposo escuchara.

No permita que el enojo la lleve a cualquier parte... más bien elimine la vía por la que verdaderamente no quiera viajar.

*El arte de ser un buen
huésped se conoce cuando
uno se marcha.*

❀ ❀ ❀

Detén tu pie de la casa de tu
vecino, no sea que hastiado
de ti te aborrezca.

Proverbios 25:17

Se dice que los peces y los huéspedes en la casa tienen una cosa en común, después de tres días los dos empiezan a apestar. Dependiendo de las circunstancias, la estancia no debe requerir tanto tiempo como para que "vaya mal". Hablando en términos generales, entre más el anfitrión se sale de sus rutinas para atenderle, más corta debe ser su estadía. Asegúrese antes de ir a visitar a sus familiares y amigos que ambos saben cuándo usted debe llegar y cuándo debe irse. La vieja regla del pulgar del anfitrión: "Déjales queriendo más" es un buen consejo para un huésped.

Lo mismo se aplica para las visitas cortas –mejor irse temprano que tarde. Cuándo la anfitriona empieza a bostezar o a recoger los platos, ¡agarra el mensaje!

George Washington visitó el hogar de unos amigos una noche y cuando llegó la hora de irse, se despidió de los adultos, después se detuvo en la entrada donde una niña le abría la puerta para que saliera. Washington se inclinó hacia ella y le dijo: "Lo siento, mi pequeña, te he causado mucha molestia".

Ella le respondió: "Me gustaría, señor, que fuera para dejarlo entrar". ¡Esto es un huésped bienvenido!

*Jesús es un amigo que
entra cuando todo
el mundo se ha ido.*

❀ ❀ ❀

Estas cosas os he hablado para
que en mí tengáis paz. En el
mundo tendréis aflicción;
pero confiad, yo he
vencido al mundo.

Juan 16:33

Mientras servía en la India, un devoto juez inglés le ofreció amistad a un joven hindú. Como se había criado en una prominente familia india, lo habían echado por convertirse al cristianismo. El juez lo acogió en su casa donde trabajaba feliz como criado.

Era la costumbre de la casa tener devociones todas las noches. Una noche el juez leyó en voz alta las palabras de Jesús: "Y cualquiera que haya dejado casas, o hermanos, o hermanas, o padre, o madre, o mujer, o hijos, o tierras, por mi nombre, recibirá cien veces más, heredará la vida eterna". (Mateo 19:29).

El juez se volvió al joven y le dijo: "Aquí nadie ha hecho esto excepto tú, Norbudur. ¿Puedes decirnos si es verdad lo que Jesús ha dicho?"

El joven leyó el versículo en voz alta y después se volteó hacia la familia y dijo: "No, hay un error".

Asustado, el juez respondió: "¿Ahí?"

El joven le dijo: "Dice que recibirá cien veces más. Yo sé que Él me ha dado mil veces más".

Con la vida eterna, la intimidad con el Padre y todas las riquezas del cielo, ¿quién puede medir realmente el valor de lo que significa cuando Jesús entra en la vida de una persona?

Aquellos que menos merecen amor son los que más lo necesitan.

Pero yo os digo: amad a vuestros enemigos, bendecid a los que os maldicen, haced bien a los que os aborrecen, y orad por los que os ultrajan y os persiguen.

Mateo 5:44

Cuando iban de regreso de una reunión de la Arquidiócesis Ortodoxa Griega, el Padre Demetrios Frangos y el Padre Germanos Stavropoulos tuvieron un accidente automovilístico. Una mujer joven que venía conduciendo drogada con PCP, los chocó con su auto mientras ellos estaban parados en una señal de pare y los dos murieron instantáneamente. La mujer, una secretaria legal con una niña de siete años, no tenía antecedentes penales, pero admitió que usaba drogas hacía diez años. Se le acusó de asesinato y de otros delitos. Los titulares de los periódicos malintencionados, se referían a ella como la "asesina de los sacerdotes".

El hijo del Padre Demetrio, George, respondió con perdón, no con enojo. Se ofreció para ayudar a la mujer con un abogado y esperaba que si era condenada que la condena fuera corta. Él dijo: "La última voluntad de mi padre hubiera sido hacer de ella un ejemplo. Esta mujer para empezar está angustiada, afligida... nosotros tenemos que ocuparnos de la niña, la inocente. Es extremadamente importante que a su hija se le diga que hemos perdonado a su madre".[19]

George Frangos amaba a su padre y lo lloró, pero para él era más importante la "justicia divina" que la "justicia legal", que esa mujer y su pequeña conocieran el amor de Jesús.

191

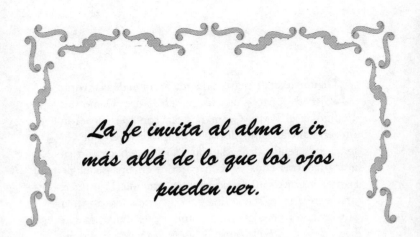

*La fe invita al alma a ir
más allá de lo que los ojos
pueden ver.*

❀ ❀ ❀

Porque por fe andamos,
no por vista.

2 Corintios 5:7

Algunas veces estoy triste. Y no sé por qué
Mi corazón está muy afligido;
Parece que las cargas del mundo
Están sobre mi corazón.
Y aunque yo sé... yo sé que Dios
Quien hace todas las cosas perfectas
Me va a llevar a entender
A caminar por FE... no por lo que VEA.
Y aunque no pueda ver el camino
Él lo planeó para que yo fuera...
Ese camino me parece oscuro ahora
Pero, ¡estoy segura de que Él sabe!
Hoy Él guía mis débiles pasos
El mañana está en Su diestra...
Él me ha pedido que nunca tema...
Si no que camine por FE... no por lo que VEA
Algún día la niebla se irá,
El sol brillará otra vez.
Veré la belleza de las flores.
Escucharé el trinar de los pájaros.
Y entonces sabré que la mano de mi Padre
Ha hecho que se ilumine el camino
Porque yo puse mi mano en la suya
Y caminé por FE... no por lo que VEÍA.

-Ruth A. Morgan [20]

*El espíritu crítico es como
la hiedra venenosa
—difunde su veneno con
el más mínimo contacto.*

Mas evita profanas y vanas
palabrerías, porque conducirán
más y más a la impiedad.

2 Timoteo 2:16

Una pequeña una vez le preguntó a su padre cómo habían empezado las guerras.

"Bien", dijo el padre, "supongamos que América persistía en pelearse con Inglaterra, y.".

"Pero", interrumpió la madre, "América nunca tuvo que pelear con Inglaterra".

"Yo sé", dijo el padre, "pero estoy sólo usando una situación hipotética".

"Pero estás confundiendo a la niña", protestó la madre.

"No", replicó el padre indignado, con un tono un poco enojado.

"No te preocupes, papá", se interpuso la pequeña, "yo creo que ya sé cómo empezaron las guerras".

La mayoría de las grandes discusiones no empiezan grandes, pero se enraízan en pequeños enfados, brechas u ofensas. Es como el poderoso roble parado en la cima de las Montañas Rocosas, que ha sobrevivido las fuertes tormentas de nieve, las granizadas, los fríos inviernos y las feroces tormentas por más de un siglo. Finalmente se cae no porque le cayera un fuerte rayo ni una avalancha, sino por un ataque de pequeños escarabajos.

Un pequeño descuido, insulto o herida puede ser el principio del fin de una relación. ¡Por tanto, tenga cuidado de lo que dice y asegúrese de que su actitud sea la correcta!

Dos cosas son difíciles para el corazón: subir corriendo las escaleras y atropellar a la gente.

Ninguna palabra corrompida salga de vuestra boca, sino la que sea buena para la necesaria edificación, a fin de dar gracia a los oyentes.

Efesios 4:29

No podría este mundo ser mejor,
Si la gente que uno se encuentra dijera:
"Sé algo bueno de ti",
Y le trataran así?
¿No sería espléndido,
Si cada apretón de manos, amable y verdadero,
Lleva consigo esta seguridad:
"Sé algo bueno de ti"
¿No sería la vida más feliz,
Si lo bueno que está en cada uno de nosotros,
Fuera lo único que la gente pudiera
Recordar acerca de nosotros?
¿No podrían nuestros días ser más dulces,
Si elogiáramos lo bueno que vemos?
Por ahí hay mucha bondad,
En lo peor de usted y de mí.
¿No sería bueno practicar,
Esta forma de pensamiento también;
Usted sabe algo bueno de mí,
¿Yo sé algo bueno de usted?[21]

Como nosotros nunca podremos saber o contar toda la historia acerca de otro ser humano, ¿por qué no saltamos sólo a las características buenas?

El humor es para la vida
lo que los amortiguadores
son para los automóviles.

Entonces nuestra boca se llenará
de risa, y nuestra lengua de
alabanzas; entonces dirán entre
las naciones: grandes cosas ha
hecho el Señor con estos.

Salmos 126:2

En un caluroso día de junio, Winona y Will intercambiaron sus votos matrimoniales y estaban a punto de salir por la senda con la marcha nupcial cuando de repente el hermano de Winona de seis pies de alto —uno de los caballeros— se desmayó, y no fue muy sutil. Al caerse, hizo caer a otro de los caballeros y éste sacudió al caballero de honor, casi forzándolo a caerse también. Dos de los invitados tomaron al hombre por los brazos y lo sacaron de la iglesia, frente a 300 invitados y una novia horrorizada.

Winona no tenía dudas de que su boda se había arruinado y que ella sería él hazmerreír del pueblo. Hizo todo lo que pudo por contener las lágrimas mientras caminaba la senda del brazo de Will. Cuando se acercaban al fondo de la iglesia, Will estalló de la risa —una risa contagiosa, resonante— y Winona tenía que reírse también. Pronto toda la iglesia estaba riéndose a carcajadas con gusto.

Winona dijo varios años después: "Mi primera reacción ante cualquier situación era 'oh, no', pero la primera reacción de Will siempre ha sido buscar el humor en la situación. Yo he madurado para adoptar su punto de vista. Me imagino que lo menos que se puede cosechar de una pesadilla es una buena carcajada y una memorable historia que contar".[22]

La bondad es el aceite
que elimina la fricción
de la vida.

Más el fruto del espíritu es
amor, gozo, paz, paciencia,
benignidad, bondad, fe.

Gálatas 5:22

Hace varios años, el Club Ejecutivo de Anuncios y Ventas patrocinaba una campaña de cortesía en Kansas City. Mil dólares de plata fueron lanzados desde Denver. Después, en los próximos días, "compradores misteriosos" visitaban tiendas de todo tipo, bancos y otros lugares de negocios. Escuchaban a las operadoras telefónicas y observaban los autobuses y los transportes públicos. Cada día hacían un informe escrito de la persona más cortés que encontraran.

Aquellos que estuvieran entre las personas más corteses de la ciudad recibirían un dólar de plata, junto con un botón de "pagos de cortesía" y una tarjeta de felicitación. Las quince personas más corteses serían invitadas a un banquete, donde se les otorgaría $25 a cada una. En total, más de cien personas fueron honradas.

¡El resultado no fue sólo un aumento temporal de la cortesía en los residentes locales, sino la conciencia a través de la ciudad de que una simple bondad es algo agradable con que vivir! El "efecto residual" se mantuvo mucho tiempo después de la campaña, hasta el punto que Kansas City es todavía una de las ciudades más amistosas de la nación.

No cuesta nada ser amable, pero la bondad puede dar grandes dividendos de muchas formas muy diferentes al dinero.

Nuestros días son maletas idénticas, todos del mismo tamaño, pero unas personas pueden echar más en ellas que otras.

Mirad, pues, con diligencia
cómo andéis, no como necios
sino como sabios, aprovechando
bien el tiempo, porque
los días son malos.

Efesios 5:15,16

Mary Smith fue a la iglesia un domingo por la mañana e hizo una mueca cuando escuchó que al organista se le fue una nota durante el himno procesionario. Notó que una adolescente estaba hablando cuando todos estaban supuestos a estar orando. No lo podía evitar, también notó que varios botones en el ramo del altar estaban marchitos. Sintió que el ujier estaba mirando lo que ponía cada uno en el plato de la ofrenda, cosa que la molestó. Contó por lo menos cinco errores gramaticales que cometió el pastor en su sermón. Cuándo salió de la iglesia por la puerta lateral, después del himno final, pensó: *¡Qué grupo de gente más descuidada!*

Amy Jones fue a la iglesia un domingo por la mañana y se emocionó cuando escuchó el arreglo de "A Mighty Fortress". Le tocó el corazón escuchar a una adolescente leer las Escrituras de la lección matutina. Se alegró al ver a la iglesia levantar una ofrenda para los niños hambrientos en Nigeria. El sermón del pastor contestó una pregunta que la estaba molestando hacía algún tiempo. Sintió el gozo radiante de los miembros del coro durante el himno final. Salió de la iglesia pensando: *¡Qué lugar tan maravilloso para adorar a Dios!*

Mary y Amy fueron a la misma iglesia, el mismo domingo por la mañana.

Perdonar es dejar en libertad
a un prisionero y descubrir
que el prisionero era usted.

❀ ❀ ❀

Porque si perdonáis a los hombres
sus ofensas, os perdonará también
a vosotros vuestro Padre celestial;
mas si no perdonáis a los hombres
sus ofensas, tampoco vuestro
Padre os perdonará vuestras
ofensas.

Mateo 6:14,15

Meredith estaba sorprendida de encontrar una carta de su hermano Tim en su apartado postal. Habían pasado tres años desde que ella había hablado con él, a pesar de que vivían en el mismo pueblo. En la carta Tim le decía que él y su esposa estaban esperando mellizos y que esperaba que ella fuera a visitar a los bebés después que nacieran. Le expresó su disculpa por no haberse comunicado más, y por cualquier cosa que él hubiera hecho que les hubiera provocado alejarse.

La reacción inicial de Meredith fue de enojo. *"¿Cualquier cosa que sea?" ¿Él no sabe?* Inmediatamente se sentó y le escribió una carta de cinco hojas detallándole todo lo malo que él había hecho que la había lastimado. Sonó el teléfono, antes de poner la carta en un sobre, y pasaron algunas horas hasta que ella pudo volver a su escritorio. Después de volver a leer la carta, se horrorizó de lo que encontró.

Ella había pensado que había sido muy realista, pero sus palabras estaban llenas de enfado y dolor. Lágrimas de perdón llenaron sus ojos. *Quizá Tim no tuvo toda la culpa.*

Ella lo llamó al día siguiente para decirle: "¡Casi no puedo esperar a ser tía de mellizos!

*El corazón es más feliz
cuando late por otros.*

❀ ❀ ❀

Nadie tiene mayor amor que
éste, que uno ponga su vida
por sus amigos.

Juan 15:13

Albert Einstein una vez reflexionó sobre el propósito de la existencia del hombre: "Extraña es nuestra situación aquí en la tierra. Cada uno de nosotros viene de visita, sin saber por qué, aunque algunas veces parece ser un propósito divino. Desde el punto de vista de la vida diaria, hay una cosa que sabemos: que estamos aquí por otros... por las innumerables almas desconocidas con las que el destino nos ha conectado por un lazo de simpatía. Muchas veces al día, me doy cuenta de cuánto mi propia vida exterior e interior está basada en el trabajo de personas muertas y vivas, y cuán seriamente tengo que esforzarme con el fin de devolver tanto como he recibido".

Cuando examinamos en serio nuestras vidas, tenemos que admitir que no hemos hecho *nada* únicamente por nosotros mismos. Nuestro pensamiento ha sido confeccionado por nuestros maestros y mentores, incluyendo los miembros de la familia. Nuestra habilidad para funcionar físicamente es el resultado, en parte, de nuestro código genético y de la productividad de otros en proveernos alimentos, agua y refugio. Nuestras vidas espirituales son un regalo de Dios. Nosotros *somos* lo que hemos recibido.

Nuestra reacción a esta realidad nos obliga a cada uno de nosotros a darles a otros las cosas buenas que afortunadamente hemos recibido. Esto es lo que es ser un ciudadano del reino de Dios por todas partes.

*Un verdadero amigo nunca
se interpone en el camino,
a menos que uno se
esté hundiendo.*

En todo tiempo ama el amigo,
y es como un hermano en
tiempo de angustia.

Proverbios 17:17

Una noche cuando una mujer iba manejando para su casa, notó que un camión venía demasiado cerca de ella. Aceleró para que hubiera más distancia entre ellos, pero el chofer del camión también lo hizo. Entre más rápido ella iba más aceleraba el camión.

Temerosa de que la estuvieran persiguiendo, dejó la autopista, pero el camión la siguió. Ella tomó una calle principal, con la esperanza de perderse en el tráfico, pero él no respetó ni la luz roja por seguirla. Finalmente, casi en pánico, entró a una estación de servicios y salió de su auto pidiendo ayuda. Estaba horrorizada al ver al chofer del camión abandonar su vehículo y dirigirse hacia ella.

Pero entonces... sin siquiera mirarla, abrió de un tirón la puerta de atrás de su auto y sacó a un hombre que se estaba escondiendo en el piso del asiento trasero.

¡Su persecución no había sido un verdadero peligro potencial para su vida! El chofer del camión había visto al hombre, un violador convicto, salir de un café y esconderse en el auto un poquito antes de que ella regresara. Su persecución no fue un esfuerzo por hacerle daño, sino para salvarla, aunque arriesgara su propia vida.

A menudo encontramos amigos verdaderos, fieles, en aquellos que han estado cerca de nosotros por años, pero raramente en extraños.

*La risa es la escoba que
barre la telaraña
del corazón.*

❁ ❁ ❁

El corazón alegre constituye
buen remedio; mas el espíritu
triste seca los huesos.

Proverbios 17:22

En *Growing Strong in the Seasons of Life,* Charles Swindoll escribió: "Esta noche fue la noche de diversión y juegos alrededor de la mesa en nuestro hogar. Primero que todo, uno de los niños se reía disimuladamente durante la oración (lo que no es raro) y eso volcó la primera ficha. Después se compartió un incidente gracioso de la escuela y el hecho (tal como había pasado) hizo estragos alrededor de la mesa. Esto fue el comienzo de veinte o treinta minutos de las risas, más altas, divertidas, agradables que pueda imaginar. En un momento yo vi a mi hijo mayor caer de la silla de la risa, el menor se dobló de la risa en su silla mientras que nervioso metió la cara en el plato con cereal... y mis dos hijas reclinadas, perdidas y ocupadas en la terapia más útil y maravillosa que Dios le ha dado a la humanidad: *La risa.*

"Lo asombroso es que todo parece ser menos serio y menos pesado de lo que realmente es. La irritabilidad y la impaciencia se pasaron por alto, como invitadas no deseadas. Por ejemplo, durante la comida el pequeño Chuck derramó dos veces el agua... y hasta eso derrumbó la casa. Si recuerdo bien, seis veces durante el día derramó accidentalmente el líquido que estaba tomando, pero nadie se molestó en contar".[23]

¡La risa, qué tesoro es!

*A través de la historia
Dios ha usado lo insignificante
para llevar a cabo cosas
imposibles.*

❀ ❀ ❀

Entonces Jesús, mirándolos, dijo:
Para los hombres es imposible,
mas para Dios, no; porque todas
las cosas son posibles para Dios.

Marcos 10:27

212

Con el fin de comunicarse entre sí, los niños serbios que pastoreaban las ovejas desarrollaron un sistema ingenioso. Clavaban la hoja de sus largos cuchillos en la tierra del pasto, y cuando uno de ellos sentía que se aproximaba algún ladrón de ganado, golpeaban fuertemente el cabo del cuchillo. La vibración era la señal que percibían los otros pastores al apretar bien el oído contra la tierra. Este era el único sistema que burlaba a los ladrones que escondidos en la oscuridad y entre los maizales trataban de acercarse sigilosamente a los rebaños.

La mayoría de esos pastores ya han crecido y se han olvidado de la señal, pero uno de ellos lo recordó. Veinticinco años después de dejar los pastizales, hizo una de las invenciones mayores de la era moderna. Michael Pupin cambió el teléfono, de un aparato utilizado sólo para hablar a través de la ciudad a un instrumento de larga distancia que puede escucharse a través de un continente.

Algo que hoy no se sabe apreciar... algo que otros pueden considerar insignificante u ordinario... puede convertirse realmente en la clave de su grandeza. Mire a su alrededor. ¿Qué ha puesto Dios a su disposición?

La gente puede dudar de lo que usted diga, pero siempre creerán lo que usted haga.

O haced el árbol bueno, y su fruto bueno, o haced el árbol malo y su fruto malo; porque por el fruto se conoce el árbol.

Mateo 12:33

Usted puede traer a su oficina,
y colocar en un marco,
   un lema tan hermoso como una pintura,
   pero si usted es un ladrón
   cuando está en el juego,
   ese lema no lo hará santo.
   Podrá pegar carteles
   en todas las paredes,
   pero éste es mi consejo:
   No es el lema
   que cuelga en la pared,
   si no el lema que usted vive, el que cuenta.
   Si el lema dice: "Sonría",
   y usted tiene el ceño fruncido;
   "Hágalo ahora", y usted vacila y espera;
   si el lema dice: "Ayude",
   y usted pisotea a los hombres;
   si el lema dice: "Ame", y usted odia...
   no se escapará
   de los lemas que colecciona,
   la verdad aparecerá de un salto.
   No es el lema
   Que cuelga en la pared,
   si no el lema que usted vive el que cuenta".[24]

La bondad es el idioma
que un sordo puede oír y
un ciego puede ver.

Porque grande es su misericordia
para con nosotros, y la verdad del
Señor es eterna. ¡Aleluya!

Salmo 117:2

"A menudo pienso que nosotros somos un poquito anticuados aquí en las montañas de Ozarks", escribió Laura Ingalls Wilder en *Little House in the Ozarks*. "Ahora sé que lo somos, porque tuvimos un 'trabajo' en nuestro vecindario este invierno. Esta es una bendita y anticuada manera de echar una mano a un vecino.

"Aunque todavía no hacía mucho frío, era demasiado para estar sin fuego; y este vecino gravemente tullido por el reumatismo, no podía preparar su leña para el invierno... por lo que los hombres del vecindario se reunieron una mañana y pasaron por su casa. Con serruchos y hachas tomaron posesión de sus lotes de leña... por la noche ya había suficiente leña lista... para que durara todo el resto del invierno.

"Las mujeres también hicieron su parte. Durante toda la mañana estuvieron llegando con cestas repletas, y al mediodía había una mesa larga llena de comida... Después que fregaron la loza, cosieron, tejieron y conversaron por el resto de la tarde. Este fue un buen rato a la antigua, y todos regresamos a nuestros hogares con la emoción que mostró el recién llegado, cuando dijo: 'Saben algo, estoy orgulloso de vivir en un vecindario como éste donde las personas salen y se ayudan unos a otros cuando lo necesitan'".[25]

Me he establecido esta regla de obligación cristiana: nunca voy a un lugar si no hay espacio para mi Maestro igual que para mí.

No os unáis en yugo desigual con los incrédulos; porque ¿qué compañerismo tiene la justicia con la injusticia? ¿Y qué comunión la luz con las tinieblas? ¿Y qué concordia Cristo con Belial? ¿O qué parte el creyente con el incrédulo?

2 Corintios 6:14,15

Una atractiva mujer soltera, tenía un trabajo que requería viajar mucho. Cuando una nueva colega se unió al departamento, ella le dijo lo feliz que estaba de tener a otra mujer en el grupo. Le contó que a menudo se sentía aislada cuando veía que era la única mujer a la hora del desayuno en el restaurante de un hotel, o una de las pocas mujeres en un vuelo.

"¿Nunca te molestaron los hombres?", preguntó la nueva colega.

"Raras veces", contestó la mujer.

"Oh", dijo la joven. "Tú eres muy bonita y pensé que se te acercaban hombres que ni te interesa conocer".

"No", explicó la mujer. "Yo sólo digo cinco palabras e inmediatamente me dejan sola".

"¿Cinco palabras?", preguntó la joven, con la esperanza de obtener la información. "¿Cuáles son?"

"Cuándo se me acerca un hombre", dijo la mujer, "simplemente le pregunto, `¿Eres un cristiano nacido de nuevo?'"

"¿Nadie ha dicho que 'sí' nunca?", preguntó la más joven.

"Raras veces", dijo la otra. "Y cuando esos hombres de todas formas quieren hablar conmigo, entonces tenemos una conversación agradable, porque Jesús puede ser parte ella".

Jesús puede convertir
el agua en vino, pero no
puede convertir tus
quejidos en nada.

Haced todo sin
murmuraciones
y contiendas.

Filipenses 2:14

En lugar de quejarnos porque no tenemos ciertas cosas en nuestras vidas o porque algo anda mal, necesitamos tomar una acción positiva. Estos son cuatro pasos para convertir los quejidos en acción de gracias.

1. *Regale algo*. Cuando uno da algo crea un espacio físico y mental para que algo nuevo y mejor venga a su vida. Aunque piense que está "perdiendo" algo en la vida, cuando uno da, demuestra que tiene abundancia para repartir.

2. *Limite sus metas*. No espere que todo lo bueno venga a la vida de una vez. Cuando se enfoca hacia metas específicas y razonables, se está más apto para dirigir el tiempo y las energías para alcanzarlas.

3. *Cambie su vocabulario de "tengo" a "quiero"*. La mayoría de las cosas que creemos que necesitamos, verdaderamente las queremos. Cuando se logran, es más probable que las agradezca más como lujos que como cosas necesarias.

4. *Prefiera ser agradecida por lo que ya tiene*. Agradecer es una de las opciones que tenemos. No podemos contar en un día las cosas que tenemos que agradecer.

¡La acción menor es mejor
que la intención mayor!

✿ ✿ ✿

Hijitos míos, no amemos de
palabra ni de lengua, sino
de hecho y en verdad.

1 Juan 3:18

Una noche, una misionera iba en un velero de permiso para su casa cuando escuchó un grito, un grito es quizás lo más difícil de oír en el mar: "¡Hombre al agua!" Se levantó rápidamente de su litera, encendió la lámpara en la cabina, y después la sostuvo en la ventanilla con la esperanza de ver algún signo de vida en las oscuras aguas.

No vio nada, volvió a colgar la lámpara en su soporte, la apagó y regresó a su litera a orar por el hombre perdido en el mar. Por la mañana, para su sorpresa descubrió que el hombre había sido rescatado. No sólo eso, sino que supo que el centelleo de su lámpara a través de la ventanilla les mostró a los que se encontraban en el muelle el lugar donde estaba perdido el hombre, que permanecía agarrado desesperadamente a una soga que todavía estaba atada al muelle. Lo sacaron de las frías aguas justo a tiempo. Pequeños actos, como poner a brillar una lámpara en el momento oportuno había salvado la vida de un hombre.

No es el tamaño de la acción lo que cuenta. Es que de verdad se haga para bien y no por maldad, y con la certeza de que Dios puede tomar todas las acciones que hagamos y usarlas para sus propósitos en nuestras vidas y en las vidas de otros.

*He sufrido muchas catástrofes
grandes en mi vida.
La mayoría de ellas
jamás sucedieron.*

❋ ❋ ❋

Porque no nos ha dado Dios
espíritu de cobardía, sino
de poder, de amor y de
dominio propio.

2 Timoteo 1:7

Un capellán militar una vez redactó una "Tabla de Preocupaciones" basada en los problemas que traían a él los hombres y las mujeres a lo largo de sus años de servicio. Encasilló las preocupaciones dentro de estas categorías:

Preocupaciones por cosas que nunca sucedieron -40%

Preocupaciones por decisiones pasadas, que no se podían cambiar -30%

Preocupaciones por enfermedades que jamás sucedieron -12%

Preocupaciones por hijos adultos y amigos (quienes pueden cuidarse solos) -10%

Preocupaciones por problemas reales -8%

De acuerdo con esta tabla, 92% de las preocupaciones son acerca de lo que no podemos controlar, cosas que es mejor dejárselas a Dios. La verdad es que la mayoría de nuestras ansiedades están fundamentadas en la falta de confianza en Dios.

Simplemente no creemos que Él es lo suficientemente grande o que Él tomará el cuidado suficiente para manejar nuestros problemas, darnos el deseo de nuestros corazones y librarnos del peligro a nosotros y a nuestros seres queridos también.

¡Conociendo el carácter de Dios, podemos ver con facilidad cómo la mayoría de las veces nos preocupamos por nada!

La culpa le concierne al pasado. La preocupación le concierne al futuro. El contentamiento se disfruta en el presente.

No lo digo porque tenga escasez, pues he aprendido a contentarme, cualquiera que sea mi situación.

Filipenses 4:11

El psicólogo William Marston una vez hizo esta pregunta a tres mil personas: "¿Para qué usted ha vivido?" Se impresionó al descubrir que 94% de las personas estaban sobrellevando simplemente el presente mientras que esperaban el futuro. Algunos dijeron que estaban esperando que pasara "algo": que los hijos crecieran y dejaran el hogar, esperando el próximo año, esperando otro momento para hacer un viaje muy añorado, esperando que alguien se muriera o esperando el mañana. ¡Ellos tenían esperanzas, pero no propósitos en sus vidas!

¡Sólo 6% de las personas identificó las relaciones y las actividades en el presente de sus vidas como razones valiosas para vivir!

El 94% fue sabio al recordar las palabras de este poema de autor desconocido:

A través de los años desde el principio,
Hoy ha sido el amigo del hombre;
Pero en su ceguera y penas,
Mira al ayer y hacia el mañana.
Olvida las pruebas pasadas y las penas.
Fue, pero no es ayer,
Y *puede que no sea mañana.*[26]

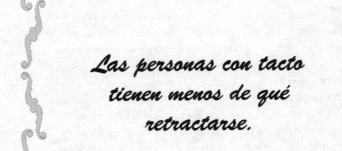

Las personas con tacto tienen menos de qué retractarse.

El corazón del justo piensa
para responder; mas la boca
de los impíos derrama
malas cosas.

Proverbios 15:28

*L*os pájaros cantan... y nunca se tienen que disculpar por sus cantos.

Los perros ladran y los gatos maúllan... y nunca tienen que decir: "Discúlpenme por lo que acabo de decir".

Los leones rugen y las hienas aúllan... y nunca tienen que retractarse de sus planteamientos por ser inciertos.

La verdad es que los miembros del reino animal son ellos mismos, y son veraces en sus expresiones para lo que fueron creados.

Muchas veces nosotros los seres humanos nos sentimos abochornados de nuestras propias palabras, sentimos que debemos disculparnos, o que estamos atrapados en un momento difícil o que debemos reconocer que hemos dicho la palabra equivocada en el momento equivocado— porque hemos empezado a evaluar la actuación de otros y a desarrollar una actitud crítica.

El azulejo nunca critica al petirrojo. El gatito nunca hace comentarios sarcásticos del perrito. El león no ridiculiza a la hiena. De igual manera no debemos degradar a otros, a quienes nunca podremos comprender y apreciar completamente.

Siga contenta su propia canción hoy, y aprecie la unicidad de aquellos a su alrededor. ¡Fácilmente puede dejar de equivocarse!

Estar en paz con sí mismo es el resultado directo de encontrar la paz en Dios.

Y la paz de Dios, que sobrepasa todo entendimiento, guardará vuestros corazones y vuestros pensamientos en Cristo Jesús.

Filipenses 4:7

Tom Dooley era un joven doctor que abandonó una carrera cómoda para organizar hospitales y ofrecer su vida al servicio de las personas afligidas en el sureste de Asia. Cuando estaba muriendo de cáncer a la edad de 34 años, Dooley le escribió al presidente de Notre Dame, su alma mater:

"Querido Padre Hesburgh: Ellos me han desanimado. Acostado, con emplastos, bolsas de arena y botellas de agua caliente. He inventado una forma de elevar la cama un poco, de manera tal que alargándome pude tomar mi máquina de escribir... Dos cosas te sugieren esta carta. La primera es que cuando el cáncer me empieza a doler aunque sea un poquito... me doy la vuelta. Entre menos pienso en mis hospitales alrededor del mundo o en los 94 doctores, los recaudadores de fondos, y cosas por el estilo, más pienso en el Médico Divino y mi fuente personal de gracia... Tengo monstruosos fantasmas como todos los hombres. Y adentro y afuera el viento sopla. Pero cuando llega el momento, como ahora, la tormenta a mí alrededor no importa. Los vientos dentro de mi no importan. Nada en el mundo me puede afectar. La paz aumenta en mi corazón. Lo que parece que no se puede poseer, yo puedo poseerlo. Lo que no se puede sondear, yo lo puedo sondear. Lo que es indecible, yo lo puedo expresar. Porque puedo orar. Puedo comunicarme. ¿Cómo pueden las personas soportar las cosas en la tierra si no tienen a Dios?"[27]

Si quiere que un trabajo fácil parezca muy difícil, simplemente deje de hacerlo.

Y Josué dijo a los hijos de Israel: ¿Hasta cuándo seréis negligentes para venir a poseer la tierra que os ha dado Jehová el Dios de nuestros padres?

Josué 18:3

Cuando el jefe de Beth le pidió que tomara un proyecto adicional, Beth vio la oportunidad de demostrar que ella podía asumir responsabilidades mayores. Inmediatamente comenzó a pensar cómo podría enfocar la tarea y su entusiasmo creció. Pero cuando llegó el momento de empezar el proyecto, Beth tuvo que decirle a su jefe que ella estaba demasiado ocupada para hacer un trabajo bien hecho. El proyecto se lo dieron a otra persona, quien obtuvo un ascenso por completarlo satisfactoriamente. Beth no recibió otra oportunidad y con el tiempo buscó un puesto en otra firma.

¿Qué le impidió a Beth realizar el proyecto? ¡El posponerlo! Ella aplazó empezar el trabajo hasta que el temor la paralizó, temor de que no podría hacer el trabajo o que su presentación no cumpliera con las expectativas del jefe. Al final, Beth no progresó y esto reforzó sus temores con un mayor sentido de inseguridad de sus propias habilidades.

Si está posponiéndolo todo, pídale a Dios que le muestre cómo vencer su temor, después haga lo que Él dice. Él quiere que usted tenga éxito y viva una vida satisfecha, pero tiene que apretar el paso de la fe en Él para que la bendiga.

El amor mira a través
de un telescopio no
de un microscopio.

El amor es sufrido, es benigno;
el amor no tiene envidia,
el amor no es jactancioso,
no se envanece; no hace nada
indebido, no busca lo suyo,
no se irrita, no guarda rencor.

1 Corintios 13:4,5

La mañana de Navidad, la pequeña Amy estuvo muy contenta al encontrar una preciosa muñeca de pelo rubio entre los regalos que había desenvuelto. Después corrió a abrazar a su abuela, quien se la había regalado, gritándole: "¡Gracias, gracias, gracias!"

Amy jugó con la muñeca nueva la mayor parte del día, pero cuando llegó la noche la dejó y buscó una de sus muñecas viejas. Ella acunó la harapienta y estropeada muñeca en sus brazos. El pelo estaba desgastado, la nariz rota, tenía un ojo torcido y le faltaba un brazo.

"Bien, bien", dijo la abuela, "parece que te gusta más esa muñeca vieja".

"Me gusta la muñeca preciosa que me regalaste, abuela", explicó la pequeña, "pero amo más a esta vieja porque si yo no la amo nadie más lo hará".

Todos conocemos el dicho: "La belleza está en el ojo del espectador". Una frase similar puede ser: "Amar está en lo que elija el espectador". Cuando vemos faltas en otros podemos preferir ver más allá de ellas. Podemos decidir amarles a pesar de sus atributos negativos, faltas o caprichos.

La vida no es un problema que resolver, sino un regalo que disfrutar.

Este es el día que el Señor ha hecho; regocijémonos y alegrémonos en él.

Salmo 118:24

El personaje de ficción Sherlock Holmes es conocido por su gran poder de observación para resolver los crímenes. Pero Holmes también utilizó sus habilidades de observación para renovar su fe. En *The Adventure of the Naval Treaty*, Dr. Watson dijo de Holmes: "Él pasó por delante del sofá hasta una ventana abierta y sostuvo el tallo marchito de una rosa, recorriendo con la mirada la preciosa mezcla de carmesí y verde. Para mí ésta era una fase nueva de su carácter, porque antes yo no lo había visto nunca mostrar interés por las cosas naturales.

"'No hay nada en lo que la deducción sea tan necesaria como en la religión', dijo, recostado contra los postigos... 'Nuestra mayor seguridad de la bondad de la Providencia me parece que radica en las flores. Todas las otras cosas, nuestras fuerzas, nuestros deseos, nuestros alimentos, son realmente necesarios para nuestra existencia. Pero esta rosa es un extra. Su olor y su color son un adorno de la vida, no una condición. Sólo la bondad de Dios es quien da extras; y una vez más digo que tenemos mucho que esperar de las flores'".[28]

La vida está llena de "extras", regalos del amante Dios que adornan y enriquecen nuestras vidas. ¡Tómese un tiempo y observe algunos de ellos hoy!

*Una pinta de ejemplo
vale por un barril
repleto de consejos.*

❀ ❀ ❀

Hermanos, sed imitadores de
mí, y mirad a los que así se
conducen según el ejemplo
que tenéis en nosotros.

Filipenses 3:17

El cuarto domingo de julio, los descendientes de Roberto y Raquel Beaumont celebran el "Día de la Progenitura". Ellos vienen haciendo esto desde 1956, cuando Raquel reunió a sus cinco hijos, ya entrados en la adolescencia, alrededor de la mesa en su hogar en Lima, Perú. Ella puso una rosa en la servilleta de cada hija y un clavel en la servilleta de cada hijo.

Sabiendo que en pocos años sus hijos tomarían cada uno su camino, les dijo que los regalos que ella les daba ese día no eran meras flores, sino una prueba de su verdadero regalo para ellos: tiempo y amor. Además, que ella esperaba que transmitieran esos mismos regalos a sus hijos. A través de los años, Raquel fue el mejor ejemplo de su mensaje: siempre tenía tiempo y amor para cada uno de ellos, quienes con regularidad buscaban su consejo y estímulo.

Cada año en el "Día de la Progenitura", los adultos mayores que se reunían, ofrecían palabras de sabiduría a sus hijos. Los jóvenes eran estimulados a escoger algo de sí mismos que esperaran mejorar para el próximo año. Este es el momento para que las generaciones escuchen unas de otras y para establecer nuevas metas para las relaciones. Ellos lo hacen todo animados por el "ejemplo de Raquel".

Tenga cuidado que por miedo sólo deje las huellas de sus talones en la arena del tiempo.

La memoria del justo será bendita; mas el nombre de los impíos se pudrirá.

Proverbios 10:7

En *Grand Essentials*, Ben Patterson escribió: "Tengo una teoría acerca de la vejez... Creo que cuando la vida nos reduce poco a poco, cuando las articulaciones fallan y la piel se arruga... lo que queda de nosotros es lo que fuimos siempre, en nuestra esencia.

"Exposición A es un tío lejano... no hizo nada más en toda su vida que buscar formas de ganar dinero... pasó su senectud muy cómodo, charlataneando constantemente del dinero que había hecho... cuando la vida lo fue reduciendo a su esencia, todo lo que había dejado era pura avaricia.

"Exposición B es la abuela de mi esposa... el mejor ejemplo que puedo recordar fue cuando le pedimos que orara antes de cenar. Tomó las manos de los que estaban sentados a su lado, una sonrisa amplia, beatífica iluminaba su rostro, sus apagados ojos se llenaron de lágrimas mientras miraba al cielo, y su barbilla temblaba mientras expresaba su amor por Jesús. Esta fue Edna en pocas palabras. Amaba a Jesús y amaba a su prójimo. No recordaba nuestros nombres, pero no podía evitar que sus manos nos dieran cariñosas palmaditas, en cuanto nos acercábamos a ella. Cuando la vida la fue reduciendo a su esencia, todo lo que había dejado era amor: amor por Dios y por el prójimo".[29]

Si tiene un apodo que
describe su carácter
¿puede estar orgullosa
de él?

❀ ❀ ❀

𝔇e más estima es el buen nombre
que las muchas riquezas,
y la buena fama más que
la plata y el oro.

Proverbios 22:1

En 1955 los autobuses en la ciudad de Montgomery, Alabama, estaban legalmente divididos. No se permitía que las personas blancas y las negras se sentaran juntas.

El primero de diciembre de ese año, la señora Rosa Parks iba en el autobús del trabajo a su casa, ella trabajaba en un taller de sastres. Según se fuera llenando la sección de los blancos se les ordenaba a los negros que se corrieran al fondo para hacer espacio para los pasajeros blancos que estaban abordando. Tres negros en la fila de la señora Parks se movieron, pero ella permaneció en su asiento. Más tarde dijo: "Nuestro maltrato no era justo, y estaba cansada de eso. Sabía que alguien tenía que dar el primer paso. Por eso me propuse no moverme".

El chofer del autobús le preguntó si se iba a parar. "No", le contestó. Fue arrestada y encarcelada. Cuatro días más tarde los negros y los blancos simpatizantes organizaron un boicot en la línea de autobuses de la ciudad que duró un año, fue cuando la Corte Suprema declaró la ordenanza de la división en los autobuses como inconstitucional.

La señora Parks es conocida hoy como la "madre del movimiento por los derechos civiles de la época moderna". Su nombre inspira a otros a ser valientes y a hacer lo correcto, a pesar de las circunstancias.

*Es muy fácil identificar a las
personas que no saben contar
hasta diez. Están delante de
usted en la línea rápida
del supermercado.*

También os rogamos, hermanos,
que amonestéis a los ociosos, que
alentéis a los de poco ánimo, que
sostengáis a los débiles, que seáis
pacientes para con otros.

1 Tesalonicenses 5:14

Una vez, una mujer visitó a una amiga en Cambridge, Massachusetts, lugar de varias instituciones muy reconocidas de educación superior. Ella acompañó a su amiga al supermercado el sábado por la tarde, el cual estaba repleto de personas y había largas líneas para pagar.

Mientras las dos estaban paradas pacientemente en la línea, se dieron cuenta que un joven universitario empujaba un carrito de hacer las compras lleno hacia la caja registradora que tenía un cartel muy claro que decía: "Línea Rápida - 8 Artículos o Menos".

La señorita de la registradora miró aquel carrito lleno y después al joven. Él estaba tratando de no hacer caso de su exasperada expresión buscando a tientas su chequera en su mochila.

Dándose cuenta de que estaba frente a un cliente desconsiderado y testarudo, la joven le dijo en voz alta a los estudiantes de secundaria que la ayudaban a empacar: "¡Esta persona ya sea que vaya a la universidad de Harvard o a M.I.T. no sabe ni leer ni contar!"

Aunque no siempre pensemos en esos términos, la impaciencia revela egoísmo y a menudo un mal espíritu, mientras que la paciencia es un verdadero acto de bondad.

*Tacto es el arte de llamar
la atención sin hacerse
de enemigos.*

Hay hombres cuyas palabras
son como golpes de espada;
mas la lengua de los sabios
es medicina.

Proverbios 12:18

Echando un vistazo al menú de un café, una mujer notó que ofrecían, un emparedado de ensalada de pollo y un emparedado de pollo. Decidió ordenar el emparedado de ensalada de pollo, pero distraídamente escribió en la orden "emparedado de pollo". Cuando el camarero trajo el emparedado de pollo, ella protestó inmediatamente, insistiendo en que el camarero se había equivocado.

La mayoría de los camareros le habrían mostrado la orden para que viera que ella había cometido el error. Pero él en lugar de lamentar el error, recogió el emparedado, lo llevó a la cocina y un momento después le trajo un emparedado de ensalada de pollo a la mujer.

Mientras se comía el emparedado miró su orden y vio el error que había cometido. Cuando llegó el momento de pagar, se disculpó con el camarero y ofreció pagar por ambos emparedados. El camarero le dijo: "No señora. Todo está bien. Estoy contento de que me haya perdonado por no equivocarme".

El silencio es uno de
los argumentos más
difíciles de rebatir.

El que guarda su boca y
su lengua, su alma guarda de
angustias.

Proverbios 21:23

Ruth Bell Graham hizo una cómica historia sobre sus hijas, Anne y Bunny. Cuando Ruth fue a la cocina a investigar porque escuchó unos gritos, se encontró a Bunny de tres años con la mano puesta en la mejilla, mirando a su hermana con desaprobación. "Mami", le explicó Anne de cinco años, "estoy enseñándole a Bunny la Biblia. Le estoy pegando en la mejilla y enseñándole que ponga la otra mejilla para pegarle también".[31]

Cuando somos injustos, nuestra primera respuesta es más probable que sea el rechazo que poner la otra mejilla. Pero muchos han encontrado que rechazar puede ser contraproducente.

El misionero E. Stanley Jones fue calumniado públicamente por alguien que una vez ayudó. La primera respuesta de Jones fue hacerle una carta a su acusador que decía "el tipo de repuesta que te enorgullece los primeros cinco minutos, los segundos cinco minutos ya no estás tan seguro, y los terceros cinco minutos sabes que estás equivocado".

Jones sabía que sus comentarios ganarían la discusión pero perderían la persona. "Al cristiano", dijo, "no le interesa ganar las discusiones, sino ganar a las personas", y rompió la carta. Algunas semanas después –sin haber dicho una palabra– Jones recibió una carta de aquel que se había puesto en su contra, pidiéndole disculpas.

*La mejor reliquia es
un viejo amigo.*

❋ ❋ ❋

No dejes a tu amigo, ni al amigo
de tu padre; ni vayas a la casa de
tu hermano en el día de tu aflicción.
Mejor es el vecino cerca que
el hermano lejos.

Proverbios 27:10

Una mujer tuvo un serio accidente automovilístico en una ciudad lejos de su casa. Se sintió tan encerrada en el dolor, que no se dio cuenta de lo sola que estaba hasta que una amiga "olvidada" en la ciudad fue a visitarla. Le dijo amablemente pero con firmeza: "Tú no debes estar sola".

Las siguientes semanas, el consejo de esta amiga resonaba en los oídos de la mujer accidentada y le ayudó a superar su carácter reservado. Cuando otra amiga la llamó desde otra ciudad a varias millas de distancia para decirle que ella quería venir para estar con ella, la mujer no le dijo: "No te molestes", como hubiera sido su respuesta normal. Por el contrario le dijo: "Por favor ven". La amiga era una animadora maravillosa y la cuidó, le leía los Salmos cuando ella todavía no podía leerlos por sí sola. Después otra amiga se ofreció a venir a ayudar en su recuperación. Otra vez se tragó su orgullo y le dijo: "Sí por favor". Esta amiga se quedó varios meses hasta que la mujer accidentada pudo cuidarse sola.

Ni siquiera Jesús cargó su cruz todo el tiempo hasta el Calvario. Les permitió a otros que le ayudaran con su carga. Es correcto pedir ayuda y recibirla. ¡Usted no tiene que "estar sola"! ¡Permita que una amiga le ayude!

Si no puede alimentar
a cien personas entonces
alimente a una.

Así que, según tengamos
oportunidad, hagamos bien a
todos, y principalmente a los
de la familia de la fe.

Gálatas 6:10

Cuando el niño de 13 años, Bobby Hill, hijo de un sargento de la Armada estadounidense estacionada en Italia, leyó un libro acerca del trabajo del ganador del Premio Nobel Albert Schweitzer, decidió hacer algo para ayudar a los misioneros médicos. Envió un pomo de aspirinas al Teniente General Richard C. Lindsay, Comandante de las fuerzas aliadas en el sur de Europa, preguntándole si alguno de sus aviones podría dejar caer en paracaídas el frasco de las aspirinas en el hospital de la selva africana del doctor Schweitzer.

Al escuchar de la carta, una estación de radio italiana hizo un llamamiento, que resultó en más de $400,000 en donaciones de suministros médicos. Los gobiernos de Italia y Francia ofrecieron cada uno un avión para llevar las medicinas y el niño al doctor Schweitzer. El agradecido doctor respondió: "Nunca pensé que un niño pudiera hacer tanto por mi hospital".

Ninguno de nosotros puede resolver todos los problemas del mundo, pero podemos alimentar a una familia hambrienta en un pueblo cercano, llevar ropas a los desamparados que acaban de llegar a los refugios, o darle una frazada a una persona que vive en la calle cerca del edificio de la oficina. ¡Si cada una de las personas que pueden ayudar dieran un solo paso cada mes para satisfacer las necesidades de una sola persona, piense lo que pudiera lograrse!

*El problema con decir
la verdad a medias es
que se está apto para
que le descubran.*

El testigo falso no quedará
sin castigo, y el que habla
mentiras no escapará.

Proverbios 19:5

Una maestra de escuela dominical una vez le dijo a su clase de adultos: "El próximo domingo voy a dar una lección muy importante. Quiero que todos lean el capítulo 17 del Evangelio de San Marcos anticipadamente". Los alumnos asintieron.

El domingo siguiente la maestra les dijo: "Por favor, los que leyeron el capítulo 17 del Evangelio de San Marcos levanten la mano". Casi todos la levantaron.

Entonces la maestra dijo: "Es muy interesante. El Evangelio de San Marcos tiene sólo 16 capítulos. Pero al menos sé que mi lección va a dar en el blanco. Hoy voy a enseñar sobre lo que dijo Jesús de mentir".

Quizá el mayor castigo por mentir no sea que una persona sea agarrada mintiendo, sino el castigo "escondido" para un mentiroso es que nunca realmente cree lo que dice otra persona.

¡Diga la verdad! A la larga sufrirá menos bochornos y será más saludable emocionalmente. Aunque el decir la verdad le traiga dolor temporal, Dios honrará su valor y le bendecirá por hacer lo correcto.

Los cumpleaños son buenos.
Las estadísticas muestran
que las personas que tienen
más viven más tiempo.

Enséñanos de tal modo a contar
nuestros días, que traigamos
al corazón sabiduría.

Salmos 90:12

Una vez, había una mujer que al ver que su pelo se emblanquecía, decidió que se estaba poniendo vieja. Inmediatamente empezó a caminar más despacio, dejó de usar colores brillantes, trató de actuar más sosegadamente y comenzó a usar "zapatos cómodos". Se dejó crecer el pelo y se lo hizo un moño, usaba mangas largas para tapar lo que estaba segura que no podía verse de los brazos de una "señora mayor" y a menudo se le escuchaba contestándole a alguna amiga que le preguntaba como estaba: "Supongo que estoy tan bien como se puede esperar de una persona de mi edad".

Un día escuchó a una adolescente preguntarle a una amiga: "¿Qué edad tiene la señora Tilly?" La amiga le dijo: "Por la manera que luce y actúa, yo diría que 65 ó 70". La mujer se impactó, estaban hablando de ella, ¡y ella sólo tenía 55! Decidió que estaba luciendo mucho más vieja para sus años e inmediatamente cambió otra vez. Volvieron a su armario los colores brillantes, los tacones altos y más ropas a la moda. Se cortó el pelo y empezó a usar un enjuague para cubrir sus canas. Varios meses más tarde, un hombre de 48 años la invitó a salir y no le podía creer cuando ella le dijo su edad.

Ella concluyó: "Cincuenta y cinco es mejor un límite de velocidad que una edad límite".

*Las faltas son gruesas
mientras que el amor
es delgado.*

❀ ❀ ❀

𝔜 ante todo, tened entre
vosotros ferviente amor;
porque el amor cubrirá
multitud de pecados.

1 Pedro 4:8

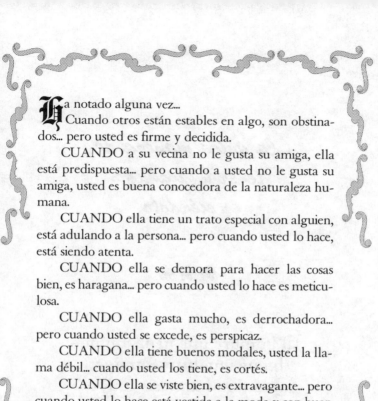

Ha notado alguna vez...

Cuando otros están estables en algo, son obstinados... pero usted es firme y decidida.

CUANDO a su vecina no le gusta su amiga, ella está predispuesta... pero cuando a usted no le gusta su amiga, usted es buena conocedora de la naturaleza humana.

CUANDO ella tiene un trato especial con alguien, está adulando a la persona... pero cuando usted lo hace, está siendo atenta.

CUANDO ella se demora para hacer las cosas bien, es haragana... pero cuando usted lo hace es meticulosa.

CUANDO ella gasta mucho, es derrochadora... pero cuando usted se excede, es perspicaz.

CUANDO ella tiene buenos modales, usted la llama débil... cuando usted los tiene, es cortés.

CUANDO ella se viste bien, es extravagante... pero cuando usted lo hace está vestida a la moda y con buen gusto.

CUANDO ella dice lo que piensa, es rencorosa... pero cuando usted lo hace está siendo honesta.

CUANDO ella corre grandes riesgos, es arriesgada... pero cuando usted lo hace es valiente.

*La única manera de
tener una amiga
es siéndolo.*

El hombre que tiene amigos
ha de mostrarse amigo;
y amigo hay más unido
que un hermano.

Proverbios 18:24

Una joven familia en los años 1950 se compró su primer televisor. Todos los vecinos se juntaron para ayudarles a poner la antena en el techo de su casa. Como no tenían muchas herramientas no adelantaban mucho.

Entonces llegó un vecino nuevo con su esposa con una caja llena de herramientas, casi con todos los aparatos que se pueda imaginar. Tenían todo lo necesario para instalar la antena, la cual estuvo arriba en casi tiempo récord.

El grupo de voluntarios inmediatamente entró a la casa a ver la recepción que su vecino tendría en su televisor. ¡La pantalla se veía clarísima! ¡El éxito era suyo!

Mientras se felicitaban entre sí por el buen trabajo, les agradecieron a los vecinos nuevos por su valiosa ayuda. Una de las mujeres preguntó: "¿Qué trabajo realizas con una caja de herramientas tan bien equipada?"

Los nuevos vecinos sonrieron con sinceridad y contestaron con genuino entusiasmo: "Amigos".

*El mundo quiere lo
mejor de usted, pero Dios
quiere todo su ser.*

Jesús le dijo: Amarás al Señor
tu Dios con todo tu corazón,
y con toda tu alma, y con
toda tu mente.

Mateo 22:37

Janette Oke, una novelista muy reconocida, con más de 40 libros escritos, es considerada la "autora pionera" de la ficción cristiana. Sus libros han vendido millones de ejemplares desde que su primera novela fue publicada en 1979.

Cuando ella decidió escribir, le dijo a Dios: "Señor, voy a escribir este libro. Si resulta y descubro que tengo talento, te lo daré todo a ti".

Janette sentía que Dios no estaba contento con el ofrecimiento que ella estaba tratando de hacerle. Sentía en su corazón como si Él le estuviera respondiendo: "Si eso es en serio, entonces lo quiero todo antes que empieces". Entonces ella le entregó sus sueños y ambiciones y le confió los resultados de sus esfuerzos. Permitió que fuera Él quien la enseñara, tuviera éxitos o no.

Después de esa resolución vino una segunda. Ella rehusó comprometer sus principios. A pesar de que escribiría de manera realista, sus historias serían "buenas, sanas y alentadoras". Al principio muchos pensaron que ese enfoque estaba condenado al fracaso, pero más tarde con un estante de novelas... Janette Oke habría comprobado que "Dios puede enseñar verdades espirituales a través de personajes ficticios".[13]

*La retrospección explica
el daño que la precaución
pudo haber evitado.*

❀ ❀ ❀

No la dejes, y ella te guardará;
ámala y te conservará.
Cuando anduvieres, no se
estrecharán tus pasos, y si
corrieres no tropezarás.

Proverbios 4:6,12

Una madre llegó un día a su casa y vio que sus seis hijos estaban apiñados en un círculo. Se acercó para ver qué era lo que les provocaba tanto interés, y casi no podía creer lo que veía.

Para su horror, en medio del círculo había varias mofetas casi recién nacidas. De inmediato les gritó con todas sus fuerzas: "¡Niños! ¡Salgan, salgan, salgan!"

Cuando escucharon la voz alarmante de la madre cada uno tomó una mofetita y corrió hacia la puerta. El grito y el pánico, por supuesto, también alarmó a los pequeños animalitos que rápidamente expelieron su horrible olor. Los niños y la casa se llenaron del desagradable mal olor que duró por varias semanas, a pesar de todo los desinfectantes y las limpiezas que se hicieron.

¡A veces la manera en que reaccionamos tiene consecuencias negativas mayores que la situación inicial! No haga las cosas peores por tener un comportamiento sin pensar, no planificado, por impulsos emocionales. Prefiera actuar en vez de reaccionar, tómese tiempo suficiente para seleccionar una línea de acción basada en el razonamiento calmado y en la oración.

No haga en la oscuridad
de la noche algo de lo que
huiría en pleno día.

❀ ❀ ❀

La noche está avanzada,
y se acerca el día. Desechemos,
pues, las obras de las tinieblas,
y vistámonos las armas
de la luz.

Romanos 13:12

erbert V. Prochnow estructuró un "Examen de Personalidad" de 10 partes, una interesante revisión de lo que debemos escoger para ser "hijos de luz":

1. ¿Si encuentra un billetero con $1,000, se lo devolvería al dueño si nadie sabe que usted lo encontró?

2. ¿Si pudiera avanzar de forma ilegal, lo haría si nadie lo supiera nunca?

3. ¿Si al chofer del autobús se le olvida cobrarle el pasaje, lo pagaría voluntariamente?

4. ¿Si no hubiera cerraduras en las casas, tiendas o bancos, tomaría algo si nadie lo supiera?

5. ¿Si su socio en el negocio se muere le pagaría a los familiares la cantidad justa, si no tuviera la obligación de hacerlo?

6. ¿Si fuera un empleador, se emplearía a sí mismo por su salario?

7. ¿Si fuera un empleador, le gustaría trabajar para sí mismo?

8. ¿Si fuera un padre, le gustaría ser el hijo de un padre como usted?

9. ¿Si tuviera la opción, le gustaría vivir en una comunidad con personas que trabajen en asuntos de la iglesia, la ciudad y la comunidad como usted?

10. ¿Si tiene que vivir con alguien exactamente igual que usted, por el resto de su vida, sería para usted un privilegio?[32]

Estoy derrotada, y sepa que, si encuentro a otro ser humano no me encuentro dispuesta a aprender nada de él.

Oirá el sabio, y aumentará el saber, y el entendido adquirirá consejo.

Proverbios 1:5

El antiguo presidente de las Filipinas, Carlos Rómulo, ganó un concurso de oratoria en la escuela secundaria que asistía cuando era joven en Manila. Su padre se desconcertó al ver que su hijo no hizo caso de las felicitaciones de uno de sus competidores. Cuándo salían del auditorio le preguntó: "¿Por qué no le estrechaste la mano a Julio?"

Carlos le dijo: "No soporto a Julio. Antes del concurso estaba hablando mal de mí". El padre le puso el brazo por los hombros y le dijo: "Tu abuelo siempre me decía que cuanto más creciera el bambú menos se doblaba. Recuérdalo siempre, hijo. Entre más alto el bambú menos se dobla".

Todas las personas tienen algo que enseñarnos, no sólo aquellas que son expertas en sus áreas o las que queremos escuchar. Cada persona es una enciclopedia viva de ideas, experiencias y opiniones.

Una mujer una vez le aconsejó a un empleado nuevo: "El cincuenta por ciento de las personas en esta organización le enseñarán qué hacer y el otro cincuenta por ciento qué no hacer. Es un reto para usted encontrar en qué por ciento está cada una de las personas". ¡Incluso si una persona no es un buen ejemplo para usted, siempre puede aprender de ella qué no hacer!

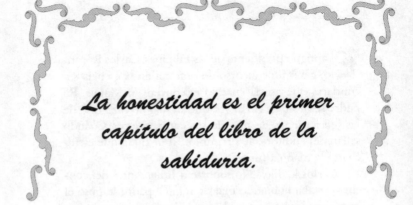

La honestidad es el primer capítulo del libro de la sabiduría.

❀ ❀ ❀

No paguéis a nadie mal por mal; procurad lo bueno delante de todos los hombres.

Romanos 12:17

La editora de la sección de "bodas y compromisos" de un periódico de un pequeño pueblo estaba aburrida de escuchar a los pobladores decir que ella siempre adornaba sus reportajes con fiestas y celebraciones. Por lo que decidió que en la próxima edición diría la verdad e iba a ver si tenía más aceptación. Y escribió el siguiente artículo:

"Bodas - La señorita Sylvan Rhodes y James Collins, unieron sus vidas el sábado pasado en la casa Bautista, ofició el Rev. J. Gordon. La novia es una joven muy corriente del pueblo, quien no sabe cocinar nada más que liebre y en toda su vida ha ayudado a su madre como tres veces. No es una belleza en ningún sentido y camina como una pata. El novio es un holgazán moderno. Ha vivido de los padres toda su vida y ahora es un meritorio vividor. Tendrán una vida muy dura".

¡No necesitamos ser tan brutalmente "honestos" al decir la verdad! La verdad, después de todo, sólo Dios la conoce. Él es el único que tiene la habilidad de ver dentro del corazón de los hombres y de las mujeres y saber todo lo que hay involucrado en cualquier situación y relación. En su lugar, debemos ser honestos al expresar nuestras esperanzas por el bienestar y el éxito de las demás personas. Esta es una verdad que a todos nos encanta escuchar.

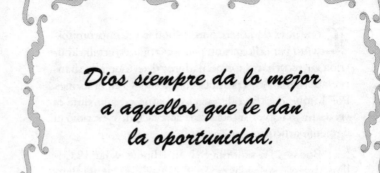

Dios siempre da lo mejor
a aquellos que le dan
la oportunidad.

❊ ❊ ❊

Bendito el Señor; cada día nos
colma de beneficios el Dios de
nuestra salvación.

Salmos 68:19

La autora Elizabeth Elliot escribió en *A Lamp for My Feet* acerca de un juego que tuvo cuando era una niña: "Mi madre o mi padre dirían: 'Cierra tus ojos y tiende tu mano'. Esta era la promesa de alguna sorpresa agradable. Yo les creía, por lo que inmediatamente cerraba mis ojos y extendía mi mano. Cualquier cosa que me dieran, yo estaba lista para tomarla", continuó, "así debe ser nuestra confianza en nuestro Padre celestial. La fe es la disposición para recibir cualquier cosa que Él nos quiera dar, o la disposición de no tener lo que Él nos quiera dar".[33]

¡Si sus oraciones no son contestadas de la manera que usted espera, puede haber una buena razón! Varios meses antes de la Navidad, Jared le suplicó a su madre que le comprara una bicicleta nueva igual que la de su amigo, y él la quería tener ahora. Su madre era una madre soltera y no podía comprársela hasta Navidad.

Su amigo amablemente se la prestaba, y cuanto más la montaba más cuenta se daba de que esa no era la bicicleta ideal para él. Por una cosa, no tenía los frenos para echar competencias que él quería.

¿Con qué frecuencia pensamos que Dios nos ha olvidado, cuando Él sólo nos está dando tiempo para que entendamos lo que verdaderamente queremos y darnos lo mejor?

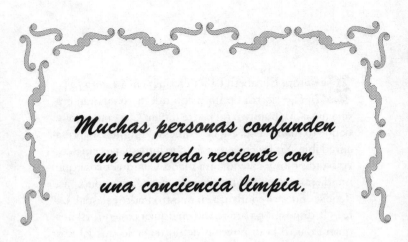

*Muchas personas confunden
un recuerdo reciente con
una conciencia limpia.*

❀ ❀ ❀

𝔜 por esto procuro tener
siempre una conciencia
sin ofensa ante 𝔇ios y
ante los hombres.

Hechos 24:16

En los años 1890 un hombre pasaba en su auto por la finca de la señora John R. McDonald. Una repentina ráfaga de viento enganchó su sombrero negro en forma de hongo y lo lanzó dentro de la propiedad de los McDonald. Buscó en vano su sombrero y al final se fue con la cabeza descubierta.

La señora McDonald recuperó el sombrero y por los siguientes 45 años varios miembros de su familia lo usaron. Finalmente el viejo sombrero en forma de hongo estaba irreparable, completamente "gastado". No fue hasta ese momento que la señora McDonald fue a un periódico local y puso un anuncio solicitando al dueño del sombrero. ¡Ella destacó en su anuncio que mientras el sombrero estuvo en las *cabezas* de los hombres de su familia, siempre estuvo en su *conciencia*, por los 45 años!

¿Hay algo machacando en su corazón hoy, es consciente de que ha cometido algún error con una persona o un sentimiento de que algo anda mal en una relación? No "atiborre" esos sentimientos. Trate de enmendarlos. Cuanto antes lo haga más fácil será la reconciliación o la restauración, y mejor descansará por las noches.

Una conciencia culpable es una carga muy pesada de llevar toda la vida, una de las cosas por las que Jesús murió en la cruz. ¡Él hizo su parte! ¡Ahora, haga usted la suya y obtenga la libertad y la paz que Él pagó por usted!

La fe no es creer
sin pruebas, sino confiar
sin reservas.

❊ ❊ ❊

Por lo cual asimismo padezco
esto; pero no me avergüenzo,
porque yo sé a quién he creído,
y estoy seguro que es poderoso
para guardar mi depósito
para aquel día.

2 Timoteo 1:12

Durante los días terribles de los bombardeos aéreos en la Segunda Guerra Mundial, un padre –tomando de la mano a su pequeña hija– salió de un edificio que había sido blanco de una bomba. En el frente del edificio había un hueco que había dejado una de las explosiones hacía varios días. Buscando un refugio lo más rápido posible, el padre se metió en el hueco y levantó sus manos para que su pequeña lo siguiera.

Aterrorizada por las explosiones a su alrededor y sin poder ver al padre en la oscuridad del hueco, gritó: "¡No puedo verte, papá!"

El padre miró al cielo iluminado con la luz de las balas y teñido de rojo por los incendios de los edificios y llamó a su hija, a quien veía en silueta al borde del hueco: "Pero yo sí puedo verte, querida. ¡Salta!"

La pequeña saltó... no porque pudo ver a su padre, sino porque confiaba en que él le decía la verdad y que hacía lo que era mejor para ella.

Quizá no podemos discernir claramente adónde nuestro Padre celestial nos está dirigiendo, pero podemos confiar que es a un buen lugar. Quizá no sepamos que Dios tiene "algo guardado", pero podemos confiar en que sus brazos son para siempre.

*Un día confinado a
la oración no es muy
probable que sea
deshecho.*

❀ ❀ ❀

Por nada estéis afanosos, sino
sean conocidas buestras peticiones
delante de Dios en toda oración y
ruego, con acción de gracias. Y la
paz de Dios, que sobrepasa todo
entendimiento, guardará buestros
corazones y buestros
pensamientos en Cristo Jesús.

Filipenses 4:6,7

Eran las 2:00 a.m. cuando una cansada viajera llegó a Tahití. Su viaje desde Hawai había sido turbulento, causando demoras en la llegada a la isla. Los tormentosos cielos también habían provocado que se cancelara el vuelo que la llevaría hasta una isla cercana, obligándola a hacer planes para pasarse casi un día cerca del aeropuerto. Una hora más tarde se encontraba con su equipaje en el cuarto de un pequeño, pero limpio motel, totalmente exhausta después de más de 24 horas de viaje. Sin embargo, su mente no dejaba de preocuparse por qué hacer y a quién llamar.

La mujer estaba en un viaje misionero para ayudar a establecer una clínica en una remota isla de los Mares del Sur. Ahora empezaba a preguntarse si ¡había escuchado bien a Dios! A esa hora, y con lo cansada que estaba, echó un vistazo a su reloj y vio que eran las 11:00 a.m. —la hora en que su grupo de estudio bíblico había dicho que estaría orando por ella—. ¡Están orando ahora! Pensó, y de repente sintió una profunda paz. En minutos se quedó dormida profundamente.

Cuando se sienta como si estuviera deshecha por dentro, ore. La ruta de la oración nunca está equivocada o fuera de horario, ¡ni es peligrosa! Por el contrario, la oración da paz y ayuda a evitar el peligro.

*Cuando evite las tentaciones
no deje una dirección
para que regresen.*

❀ ❀ ❀

Huye también de las pasiones
juveniles, y sigue la justicia,
la fe, el amor y la paz, con
los que de corazón limpio
invocan al Señor.

2 Timoteo 2:22

Sally estaba tratando de ahorrar todos los centavos que pudiera para comprar un cochecito para una muñeca. Llevaba latas para el reciclamiento, se ofrecía para hacer trabajos extras... cualquier cosa para hacer unos centavos más a la semana.

Una noche mientras oraba antes de dormir, su madre escuchó a Sally decir muy en serio: "Oh Señor, por favor ayúdame a ahorrar mi dinero para el cochecito de la muñeca que está en la vidriera de la tienda del señor Brown. Es precioso y yo lo quiero. Es perfecto para mi muñeca. Y estoy segura de que voy a dejar jugar también a mis amigas con él".

Satisfecha con la oración de su hija, la madre de Sally se sorprendió al escuchar la última parte de la oración. "¡Y por favor Dios, no permitas que el heladero pase por esta calle esta semana!"

Así como cada uno somos únicos en nuestros talentos, habilidades, antecedentes y experiencias, somos también únicos en lo que nos tienta. Lo que tienta a una persona puede que no tiente mucho a otra.

A pesar de que el enemigo de nuestras almas conoce nuestros puntos débiles, nosotros conocemos nuestra Fortaleza —Jesús. Si nos mantenemos cerca de Él, cuando las tentaciones vengan, podemos sacar de su fortaleza para no caer en ellas.

¡Siempre diga sí a Jesús, y decir no a las tentaciones será fácil!

La coincidencia es un pequeño milagro donde Dios prefiere mantenerse anónimo.

❀ ❀ ❀

¿Quién expresará las poderosas obras de Dios? ¿Quién contará sus alabanzas?

Salmos 106:2

Víctor Frankl fue despojado de todo lo que poseía cuando fue arrestado por los nazis en la II Guerra Mundial. Llegó a Auschwitz con sólo su manuscrito –un libro donde había investigado y escrito por años– cosido entre el forro de su abrigo. Cuando llegó al campo de concentración hasta eso le quitaron. Más tarde escribió: "Tuve que aguantar y superar la pérdida de mi hijo espiritual... parecía como si no pudiera sobrevivir por nada ni por nadie. Me encontraba confrontando la pregunta de que si en estas circunstancias mi vida había perdido el sentido".

Días más tarde, los nazis forzaron a los prisioneros a entregar sus ropas. En recompensa le dieron a Frankl los harapos de un preso que había sido enviado a la cámara de gas. En el bolsillo encontró un pedazo de papel roto, una página de un libro de oración hebreo. En él estaban las primeras oraciones judías, "Shema Yisrael" la cual comienza: "Escucha, oh Israel, el Señor es nuestro Dios, el Señor uno es".

Frankl dijo: "¿Cómo podría haber interpretado tal 'coincidencia' sino como un reto para vivir mis ideas en vez de simplemente escribirlas en un papel?" Más tarde, en su clásica obra maestra, *Man's Search for Meaning*, escribió: "El que tiene un *por qué* vivir puede soportar casi todo".[34]

*Algunas veces el Señor
calma la tormenta; otras
permite que la tormenta
se enfurezca y calma
a sus hijos.*

Y la paz de Dios, que sobrepasa
todo entendimiento, guardará
vuestros corazones y vuestros
pensamientos en Cristo Jesús.

Filipenses 4:7

En *Especially for a Woman*, Beverly LaHaye escribió acerca de cuán enojada ella estaba cuando su esposo Tim le dijo que quería tomar lecciones de vuelo. Su rápida respuesta fue: "¡Yo creo que eres necio! ¿Por qué quieres meterte en un avión que sólo tiene un motor?"

Tim le pidió que orara por eso, pero ella escribió: "Voy a empezar dándole a Dios mis opiniones y sacando mis propias conclusiones. Mi temor... estaba controlándome". Tim le sugirió, "Sé sincera con el Señor... permítele saber que tienes miedo de volar, pero que estás dispuesta a ser cambiada si eso es lo que Él quiere".

Beverly hizo eso exactamente. Tim tomó las lecciones de vuelo, y reiteradamente encomendó sus temores —y sus vidas— al Señor.

Años más tarde ella era una pasajera de un avión atrapado en una tormenta. Según el avión rebotaba en el aire, el abogado de LaHaye —normalmente un hombre calmado— estaba seguro de que se estrellarían. Entonces miró y vio que ¡Beverly estaba dormida! Más tarde le preguntó: "¿Cómo pudiste dormir tan tranquilamente?"

Beverly le respondió: "Tuvo que ser Dios. Sólo Él pudo haberme llevado de ese paralizante horror... a un lugar donde yo pudiera volar a través de una tormenta semejante y estar en paz".[35]

El pasado debe ser
un trampolín no
una hamaca.

❋ ❋ ❋

Hermanos, yo mismo no pretendo
haberlo ya alcanzado;
pero una cosa hago: olvidando
ciertamente lo que queda atrás,
y extendiéndome a lo
que está delante.

Filipenses 3:13

Muchas personas son buenas para empezar pero malas para terminar. Cuando el camino empieza a ponerse difícil escuchan al pequeño duendecillo que murmura en sus hombros: "No puedes hacer eso" y "nunca lo harás". Muchos incluso ni empiezan.

De lo que tenemos que darnos cuenta es de que si "hacemos algo" requiere un riesgo, igual que "no hacer nada". El riesgo de la acción puede ser un fracaso, pero el riesgo de dejar de actuar puede ser estancamiento, insatisfacción y frustración... se puede hasta perder contra el enemigo.

La historia de la diligencia cruzando las planicies hacia el Dorado Oeste empezaba con una canción:

El Cobarde nunca empezó;
El Débil murió en el camino;
¡Sólo el Fuerte pasó!

Así es en la vida. Pero la fortaleza no sólo se refiere a la fortaleza física. La verdadera fortaleza proviene de la fortaleza del espíritu, y el espíritu se hace fuerte por la estrecha relación con Dios. Él nos da la voluntad para lograr el éxito, para que los sueños no mueran y la sabiduría de convertir las cosas adversas en bendiciones.

¡Apóyese en Dios para dirección y manténgase apoyada en Él para sabiduría y coraje para terminar lo que comenzó!

*La maestra les pidió a sus alumnos
que le dijeran el significado de
bondad en acción. Un pequeño saltó
y dijo: "Bien, si tengo hambre y
alguien me da un pedazo de pan,
eso es bondad. Pero si le ponen
un poquito de mermelada,
eso es bondad en acción".*

Bendice, alma mía, a Jehová, y
bendiga todo mi ser su santo
nombre. El que rescata del hoyo tu
vida, el que te corona de favores y
misericordias; el que sacia de bien
tu boca de modo que te
rejuvenezcas como el águila.

Salmos 103:1,4,5

La bondad proporciona una casa, pero el amor hace un hogar.

La bondad empaca una bolsa para el almuerzo, pero el amor le pone una nota de estímulo adentro.

La bondad provee un televisor o una computadora como un auxiliar para el aprendizaje, pero el amor controla el control remoto y se interesa en insistirle a un niño para que lo "apague".

La bondad manda a un niño a acostarse a tiempo, pero el amor mete las sábanas alrededor del cuello del pequeño y le da un abrazo y un beso de buenas noches.

La bondad hace una comida, pero el amor selecciona el menú "favorito" y enciende las velas.

La bondad escribe una nota de agradecimiento, pero el amor piensa en incluir un chiste o una fotografía o un marcador de libros en el sobre.

La bondad mantiene una casa limpia y ordenada, pero el amor le añade un ramo de flores frescas.

La bondad sirve un vaso de leche, pero el amor ocasionalmente le añade un poquito de sirope de chocolate.

La bondad hace lo que es decoroso, básico, cortés y necesario para que la vida fluya tranquila, suave, sin novedad.

¡El amor da un paso adicional para hacer la vida verdaderamente excitante, creativa y significativa! El amor es lo que hace las cosas *especiales*.

*La risa es un tranquilizante
sin efectos secundarios.*

❀ ❀ ❀

El corazón alegre constituye
buen remedio; mas el espíritu
triste seca los huesos.

Proverbios 17:22

Un grupo de médicos le pidieron una vez a Norman Cousins que se reuniera con los pacientes de cáncer de un hospital. Él les contó cómo perdió una moneda en un teléfono público. "Operadora", dijo, "yo puse una moneda en el teléfono y no me comunicó". Ella le respondió: "Señor, si me dice su nombre y dirección, nosotros le enviaremos su moneda".

Recitó una larga y completa letanía de todos los pasos, procedimientos y gastos involucrados en la devolución de la moneda y concluyó: "¿Ahora, operadora, por qué no me devuelve mi moneda y somos amigos, así de simple?"

Ella repitió su oferta y después le preguntó si había presionado el botón del teléfono que dice devolución de monedas. ¡Él no lo había hecho, pero cuando lo hizo, la caja del teléfono devolvió como cuatro dólares en monedas!

La operadora le dijo: "Señor, ¿pudiera poner otra vez las monedas en la caja del teléfono?" Cousins replicó: "Si usted me da su nombre y dirección me encantaría enviarle las monedas".

Los veteranos soltaban las carcajadas según Cousins hacía su historia. Entonces uno de los médicos preguntó: "¿Cuántos vinieron a este cuarto con dolor?" Más de la mitad levantaron la mano. "¿Cuántos hace unos minutos tenían menos o ningún dolor?" Todos asintieron "sí".

¡La risa es uno de los mejores medicamentos conocidos!

Dios nunca pregunta por nuestras habilidades o incapacidades, sólo por nuestra disposición.

Después oí la voz del Señor, que decía: ¿A quién enviaré, y quién irá por nosotros? Entonces respondí yo: Heme aquí, envíame a mí.

Isaías 6:8

Una de las cosas en Ripley's *Believe It or Not* es una foto de una barra lisa de hierro valorada en $5. Sin embargo, la misma barra de hierro tiene un valor diferente si es moldeada en diferentes artículos.

- Como en un par de herraduras, estaría valorada en $50.
- Como en agujas de coser, estaría valorada en $5,000.
- Como en muelles de volantes para relojes finos suizos, estaría valorada en $500,000.

El material bruto no es lo importante. ¡Lo importante es cómo ese material es elaborado!

A cada uno de nosotros nos han sido dados talentos y habilidades, algunos han recibido más, otros menos, pero *todos* han recibido *algo* como un regalo único de Dios.

Como cristianos, también disfrutamos los regalos espirituales que fluyen del Santo Espíritu de Dios.

El valor de esos materiales brutos, es un punto discutible a menos que desarrollemos y utilicemos nuestros talentos, habilidades y regalos espirituales como una fuerza divina en el mundo.

Si usted no sabe cuáles son sus habilidades y regalos, pídale a Dios que se los revele. Después pídale que le muestre qué Él quiere que haga con ellos. Su felicidad y éxito en la vida los encontrará al satisfacer Su plan para su vida.

*Ya sea que crea que puede
o que no puede, usted
está en lo cierto.*

Porque cual es su pensamiento
en su corazón, tal es él. Come
y bebe, te dirá; más su corazón
no está conmigo.

Proverbios 23:7

En la Columbia Británica se construyó una nueva prisión para reemplazar la del viejo Fuerte Alcán que había sido utilizado para alojar los presos por cientos de años. Después que los prisioneros fueron mudados a los nuevos cuartos, formaron parte de una cuadrilla de trabajo para quitar de la vieja prisión maderas, equipos eléctricos y tuberías que se pudieran usar de nuevo. Bajo la supervisión de los guardias, los presos empezaron a derrumbar las viejas paredes.

Según lo hacían, se impresionaron de lo que encontraron. Aunque cerraduras macizas habían sellado pesadas puertas de metal, y barras de metal de dos pulgadas cubrían las ventanas de las celdas, ¡las paredes de la prisión realmente estaban hechas de papel y barro, pintadas para que parecieran de hierro! Si alguno de los prisioneros hubiera dado un fuerte empujón o una fuerte patada contra la pared, fácilmente hubiera hecho un hueco, permitiéndole escapar. Sin embargo, por años habían estado amontonados en sus celdas cerradas, considerando el escaparse como algo imposible.

Nadie había jamás *tratado* de escapar porque *pensaban* que era imposible.

Muchas personas hoy son prisioneras del temor. Nunca intentan perseguir sus sueños porque la idea de alcanzarlos parece imposible. ¿Cómo puede saber que no puede tener éxito si no trata?

La mejor manera de alegrarse uno mismo es alegrando a alguien más.

Dad, y se os dará; medida buena, apretada, remecida y rebosando darán en vuestro regazo; porque con la misma medida con que medís, os volverán a medir.

Lucas 6:38

La desconsolada madre estaba sentada en silencio en un cuarto de un hospital, las lágrimas surcaban su rostro. Había acabado de perder a su único hijo. Tenía la mirada fija en el espacio, cuando se le acercó la jefa de enfermeras y le preguntó: "¿Ha visto al pequeño sentado en el pasillo aquí afuera?" La mujer movió la cabeza negando.

La enfermera continuó: "Su madre fue traída aquí en ambulancia desde su humilde apartamento. Ellos dos vinieron a este país hace sólo tres meses, los demás miembros de su familia han muerto en la guerra. No conocen a nadie aquí. , ese pequeño ha estado sentado afuera del cuarto de su madre por una semana con la esperanza de que su madre saliera del coma y le hablara".

Ya la mujer estaba escuchando atentamente mientras la enfermera continuaba: "Hace quince minutos que su madre murió. Mi obligación es decírselo, a la edad de siete años, está completamente solo en el mundo, no hay nadie que sepa ni su nombre". La enfermera hizo una pausa y luego le preguntó: "¿Supongo que usted no se lo diría por mí?" La mujer se paró, se secó las lágrimas y fue hacia el niño.

Puso sus brazos alrededor de la desamparada criatura. Le invitó a venir con ella a su hogar sin niños. En la hora más oscura de ambas vidas, fueron luz el uno al otro.

*El fracaso no es
una derrota.
Es quedarse derrotado.*

𝕻orque siete veces cae el justo,
y vuelve a levantarse; más los
impíos caerán en el mal.

Proverbios 24:16

En 1991 Anne Busquet era el gerente general de la división de Optima Card para American Express. Cuando a cinco de sus 2,000 empleados se les acusó de haber ocultado $24 millones en pérdidas, ella fue considerada responsable. Busquet tuvo que enfrentar la realidad de que como perfeccionista, aparentemente intimidaba y confrontaba a sus subordinados, hasta el punto de que ellos preferían mentir que reportarle malas noticias!

Busquet perdió su trabajo en Optima, pero American Express le dio una segunda oportunidad. La oportunidad de salvar uno de sus negocios pequeños. Su autoestima la hizo vacilar, casi rechaza la oferta. Después decidió que ésta era su oportunidad de cambiar la manera de relacionarse con otros. Tomó el nuevo trabajo como un reto personal para cambiar.

Dándose cuenta de que tenía que ser mucho más comprensiva, empezó a trabajar en ser más paciente y escuchar más cuidadosa y atentamente. Aprendió a preguntar por las malas noticias sin intimidaciones.

Cuatro años después fue cambiada de posición, Anne Busquet fue promovida para ser la vicepresidenta ejecutiva de American Express.

¡El fracaso no es el fin! ¡Es el maestro de un nuevo comienzo y una mejor vida!

*Nadie puede hacerla
sentir inferior sin
su consentimiento.*

❀ ❀ ❀

Te alabaré; porque formidables,
maravillosas son tus obras;
estoy maravillado, y mi alma
lo sabe muy bien.

Salmos 139:14

Tres mujeres en una excursión llegaron a una cabaña que se encontraba en lo profundo del bosque. Sin recibir respuesta al tocar la puerta, entraron y encontraron un cuarto amueblado sencillamente. Nada parecía raro excepto que la larga, salamandra, estufa de hierro fundido estaba colgando del techo, suspendida en el aire por alambres.

La psicóloga dijo: "Es obvio, este solitario trampero ha elevado su estufa y así podrá acurrucarse debajo de ella y sentir que volvió a la matriz". La ingeniera respondió: "¡No tiene sentido! ¡Esto es termodinámica! Él ha encontrado la forma de distribuir el calor más parejo en la cabaña". La teóloga interrumpió: "Estoy segura que esto tiene un significado religioso. El fuego 'en alto' ha sido un símbolo religioso por milenios".

Mientras las tres debatían, regresó el dueño de la cabaña. Las excursionistas le preguntaron inmediatamente por qué la estufa estaba colgando con alambres del techo. Él respondió concisamente: "Tenía mucho alambre, pero no mucho tubo para estufa".

Otros pueden tratar de criticar sus motivos, tratar de minimizar sus ideas o insultarle, pero sólo usted sabe por qué hace lo que hace, lo que piensa y siente y cómo se relaciona con Dios.

¡Esté segura de quién es usted en Cristo Jesús!

RECONOCIMIENTOS

Ruth Bell Graham (8), Madre Teresa (10,48,252), Jean Hodges (12), George M. Adams (16), Glen Wheeler (18), Helen Pearson (22), Joseph Addison (24), Cyrus (26), Henry Ward Beecher (28), G.W.C. Thomas (34), Betty Mills (36), Josh Billings (38,248), Thackeray (40), Joyce Heinrich and Annette La Placa (42), Joyce Earline Steelburg (44), St. Basil (46), Catherine Graham (78), Lillian Dickson (80), Cervantes (82), Sebastian-Roche (84), Mark Twain (88,216,224), William James (90), Zig Ziglar (94), William Feather (96), Bill Cosby (98), Carles Dickens (100), Euripedes (104), Martir Luther King, Jr. (106), William Carey (108), Benjamin Franklin (110), Dennis Waitley (116), Mary Gardner Brainard (120), Walt Disney (122), Arnold H. Glasgow (208), Mort Walker (210), Richard Exley ((212), John Newton (218), Mark Steele (220), Olin Miller (230), Joseph P. Dooley (236), June Henderson (244), Dr. John Olson (246), Reverend Larry Lorenzoni (256), James Howell (258), Ralph Waldo Emerson (260), Charles H. Spurgeon (266), George Herbert Palmer (268), Thomas Jefferson (270), Jim Elliot (272), Doug Larsen (274), Elton Trueblood (276), Ivern Ball (86), Merceline Cox (290), Henry Ford (294), Mary Pickford (298), Eleonor Roosevelt (300).

REFERENCIAS

1. *Words to Live By*, Mother Teresa (Notre Dame, IN: Ave Maria Press, 1983), pp.55, 59.

2. *Especially for a Woman*, Ann Kiemel Anderson (Nashville, TN: Thomas Nelson Publishers, 1994), p.42

3. *Illustrations for Preaching and Teaching*, Craig Brain Larson, ed. (Grand Rapids, MI: Baker Books, 1993), p. 119.

4. "That's What Friends Are For," by Jane Gross, *Ladies Home Journal*, julio 1995, p. 146.

5. *Family Circle*, septiembre 1 de 1995, p. 114.

6. *Little House in the Ozarks*, Laura Ingalls Wilder (Nashville, TN: Thomas Nelson Publishers, 1991), p. 36.

7. *A Closer Walk*,, Catherine Marshall (Grand Rapids, MI: Fleming H. Revell Division of Baker Book House Co., 1986), p. 87-88.

8. *People*, marzo 20, 1995, p.87-88.

9. *Dakota*, Kathleen Norris, (Nueva York, NY: Houghton Miffin 1993), p. 114.

10. *TV Guide*, julio 22 1995, p. 29.

11. *"Anatomy of a Champion,"* George Sheehan, Runner's World, mayo 1993, p.18.

12. *Learning to forgive*, Doris Donnelly (Nueva York, NY: Macmillan Publishing, 1979), pp. 24-25.

13. *Newsweek,,* abril 24 de 1995, p. 150.

14. *Let me Illustrate*, Albert P. Staudeman (Minneapolis, MN: Augsburg Press, 1983), p. 104.

15. "Of Love and Loss," Jennet Conant, *Redbook*, octubre de 1994, p. 82.

16. *Illustrations for Preaching and Teaching*, Craig Brain Larson, ed. (Grand Rapids, MI: Baker Books, 1993), p. 200.

17. *Decision*, septiembre de 1995, p. 4-5.

18. *Little House in the Ozarks*, Laura Ingalls Wilder (Nashville, TN: Thomas Nelson Publishers, 1991), p. 103.

19. "Signs and wonders," John Garvey, *Commonweal*, abril 22 de 1994, p. 10.

20. "By Faith Not Sight, Ruth A. Morgan, *Encyclopedia of 7700 illustrations*, Paul Lee Tan, ed. (Rockville, MD: Assurance Publishers, 1979), p. 404.

21. "I Know Something Good About You," *Knight's Master Book of New Illustrations*, Walter B. Knight (Grand Rapids, MI: Eerdmans Pub. Co., 1956), pp. 174-175.

22. "Disaster Weddings and How Couples Coped," Barbara Rachel Pollack, Redbook, agosto de 1995, p. 102.

23. *Growing Strong in the Seasons of Life*, Charles Swindoll (Portland, OR: Multnomah Press, 1983), p. 100.

24. "Mottoes," Kalends, *The New Speaker's Treasury of Wit and Wisdom*, Herbert V. Prochnow, ed. (New York, NY: Harper & Row, 1958), p. 290.

25. *Little House in the Ozarks*, Laura Ingalls Wilder (Nashville, TN: Thomas Nelson Publishers, 1991), p. 68.

26. Author and title of poem unknown. Found in *Speaker's Encyclopedia of Stories, Quotations, and Anecdotes*, Jacob M. Braude (Englewood Cliffs, NJ: Prentice-Hall, 1995), p. 307.

27. *Story from Illustations Unlimited*, James Hewettt, ed. (Wheaton, IL: Tyndale House Publishers, 1988), pp. 131 -132.

28. *Illustrations for Preaching and Teaching*, Craig Brian Larson, ed. (Grand Rapids, MI: Baker Books, 1993), p. 97.

29. *Illustrations for Preaching and Teaching*, Craig Brian Larson, ed. (Grand Rapids, MI: Baker Books, 1993), p. 187.

30. *It's My Turn*, Ruth Bell Graham (Minneapolis, MN: Grason, 1982), p.110

31. "Janette Oke: Pioneer Novelist," Nancy McGough, *Homelife*, noviembre de 1995, pp. 12,14-15.

32. "A Character Quiz," Herbert V. Prochnow, *The Speaker's Book of Illustrations*, Herbert V. Prochnow, ed. (Grand Rapids, MI: Baker Book House, 1960), p.100.

33. *A Lamp For My Feet*, Elizabeth Elliot (Ann Arbor, MI: Servant Publications, 1987), p. 52.

34. *Illustrations for Preaching and Teaching*, Craig Brian Larson, ed. (Grand Rapids, MI: Baker Book House, 1960), p. 250-251.

35. *Especially for a Woman*, Beverly LaHaye (Nashville, TN: Thomas Nelson, 1994), p. 253-263.